O Princípio da Moralidade Administrativa

uma abordagem de seu significado e suas potencialidades à luz da noção de moral crítica

B239p Barboza, Márcia Noll
   O princípio da moralidade administrativa: uma abordagem de seu significado e suas potencialidades à luz da noção de moral crítica / Márcia Noll Barboza. — Porto Alegre: Livraria do Advogado, 2002.
   152 p.; 16 x 23 cm.

   ISBN 85-7348-249-4

   1. Moralidade administrativa. 2. Administração pública. 3. Estado. I. Título.

CDU – 35.083

   Índices para o catálogo sistemático:

Moralidade administrativa
Administação pública
Estado

(Bibliotecária responsável: Marta Roberto, CRB-10/652)

MÁRCIA NOLL BARBOZA

O Princípio da Moralidade Administrativa

uma abordagem de seu significado e suas potencialidades à luz da noção de moral crítica

livraria
DO ADVOGADO
editora

Porto Alegre 2002

© Márcia Noll Barboza, 2002

Projeto gráfico e composição
Livraria do Advogado Editora

Revisão
Rosane Marques Borba

Capa
Izabella P. P. Barboza
Figura de Hank Virgona,
"The defense sums up", (1970)
aquarela e olho em papel

Direitos desta edição reservados por
Livraria do Advogado Ltda.
Rua Riachuelo, 1338
90010-273 Porto Alegre RS
Fone/fax: 0800-51-7522
livraria@doadvogado.com.br
www.doadvogado.com.br

Impresso no Brasil / Printed in Brazil

Para Luciano

Nota de agradecimento

Este trabalho é resultado de dissertação de mestrado apresentada junto à Universidade do Vale do Rio dos Sinos, para cuja realização pude contar com o apoio da instituição que integro, o Ministério Público Federal, ao qual agradeço, o mesmo devendo ser feito aos colegas que me substituíram no período em que estive ausente. Agradeço aos Professores do Programa de Pós-Graduação da UNI-SINOS e ao Professor Ingo Wolfgang Sarlet, pela orientação, que julgo de inestimável relevância, como também às Professoras Maria do Horto Motta e Maria Weidemann Telles, pela contribuição em sede lingüística. Agradeço, enfim, a Luciano Feldens – a quem dedico este trabalho –, pelo apoio sempre garantido, e a meus pais e demais familiares, pela compreensão manifestada toda vez que, em razão da pesquisa, lhes dediquei menos do que lhes cabia.

Prefácio

Tenho afirmado que não existe, por certo, destino mais glorioso para qualquer homem ou mulher que o de contemplar sua vida alargada no tempo pela produção de uma obra em qualquer campo da atividade científica. Representa ela, a obra, a somatória das mais caras reservas de esforços de seu autor na sublime tentativa de legar a seus semelhantes uma parcela do conhecimento que a vida lhe propiciou adquirir. Se, de um lado, a proclamação de idéias e de posições trazem o conforto do desabafo e uma compreensível sensação de cumprimento de um dever, de outro, expõe, de maneira viva e irreversível, as qualidades e as deficiências de seu criador. De todo o modo, o escritor, sem outro apoio senão no seu próprio valor, passa a integrar um selecionado rol de indivíduos cuja existência será enobrecida pela contribuição efetivada.

Conheci a autora quando de minha participação em sua banca de mestrado. Percebi, desde logo, porque notórias, algumas particularidades que ornamentam a sua personalidade. Dotada de sólida formação acadêmica, edificada a partir de notável esforço pessoal e do convívio com mestres de renome, inclusive do exterior, a autora ostenta caráter firme e decidido, como convém, não só a um mestre do direito, mas também, a um membro do Ministério Público. É uma pessoa extremamente preocupada com a nefasta realidade atual, não se permitindo nenhum temor em expressar justa e adequada indignação contra a ação desmandada e reprovável de alguns maus administradores cuja atuação propicia inexcedível desconfiança da população na eficácia do conjunto normativo, nas instituições e, fundamentalmente, no papel da Administração Pública, em gerir adequadamente os interesses gerais.

O trabalho ora apresentado, tratando do princípio da moralidade administrativa, como consectário daquele escrito, há algumas décadas, por Manoel de Oliveira Franco Sobrinho, tem a virtude de acrescentar sólidos fundamentos à tratativa do tema, fazendo expargir uma natural e séria preocupação com os princípios e valores éticos que norteiam a ação da Administração Pública em todos os seus segmentos.

Nossa bibliografia jurídica tem sido significativamente enriquecida pela impressionante produção de jovens juristas. A este grande acervo de notáveis obras vem se somar "O Princípio da Moralidade Administrativa – uma abordagem de seu significado e suas potencialidades à luz da noção de moral crítica" em que a autora, em um momento de reconhecida inspiração, consegue reunir o que há de melhor a respeito do tema.

Na agradável leitura sobressai, desde logo, o entendimento da autora no sentido de que os grandes problemas sociais e econômicos que o Brasil enfrenta somente encontrarão remédio com uma atuação reta e eficiente do poder público.

Ao manifestar integral concordância com os pensamentos emitidos, entendo oportuno aduzir que o comportamento fundamentado em princípios morais e éticos incorporando outros valores, pode ser adquirido. Mais forte que o poder das leis é o exemplo dignificante. Uma Administração Pública como aparelhamento integrado por agentes morais e éticos faz expargir atuação idônea que, irradiando bons exemplos, oferece resultados conducentes a implementar força evocativa significativamente maior do que as palavras da lei. Os bons exemplos – tal como pedra arremessada em lago plácido - desenham círculos concêntricos dinâmicos que evoluem de modo benfazejo e incessante para as bordas. De todo o modo, como bem acentuado, não há como desvincular o direito - em todas as suas manifestações - da moral crítica. Na abordagem da função conformadora e a formação ético-profissional do agente público resulta corroborado, de certa forma, o pensamento antes esposado.

Logrando harmonizar retalhos históricos com a realidade contemporânea, o texto transita com naturalidade pela filosofia e retoma a antiga disceptação entre o direito e a moral, conduzindo o leitor a uma séria reflexão a propósito da temática. Com efeito, no Brasil, o nascedouro constitucional do princípio da moralidade não permite se perca de vista que "o direito se vincula à moral, é dizer, à moral crítica e argumentativa", na arguta percepção da autora. Indiscutível, neste passo, que a evolução experimentada tornou possível, entre outros, a ingente fiscalização da discricionariedade administrativa.

Na obra ora entregue ao público, através da prestigiada Livraria do Advogado, a autora logra somar, de forma ordenada e sistemática, os conhecimentos acumulados ao longo do exercício do magistério com aqueles hauridos do sereno exercício de sua atividade no Ministério Público Federal.

A linguagem acessível empregada torna o livro um verdadeiro manual, de consulta obrigatória e aprazível, que servirá, por certo, de paradigma para todos quantos queiram embrenhar-se na avaliação axiológica da ação da Administração Pública ou, para aqueles que, objetivando subsidiar e enriquecer um trabalho necessitem de uma palavra autorizada de esclarecimento.

Dimensionando com perfeição a doutrina coligida, a autora, com notável abrangência, malgradas suas inúmeras ocupações, demonstra a cada passo, mercê de uma exposição sóbria e interessante, a superior intenção de querer homenagear, da forma inteligente que sempre a caracterizou, os ávidos destinatários da excelente obra que realizou.

Curitiba, PR, agosto de 2002.

Romeu Felipe Bacellar Filho

Sumário

Introdução 15

Parte I
DIREITO E MORAL

1. A tese da separação entre o direito e a moral como rejeição ao pensamento metafísico 21

1.1. O processo de emancipação do homem moderno 24

1.2. O positivismo jurídico como pensamento emancipatório 27

1.2.1. Kelsen e a máxima expressão da tese da separação 28

1.2.2. Hart, o legado da crítica utilitarista e a noção de moral crítica . 33

2. A tese da vinculação entre o direito e a moral no contexto do moderno mundo ocidental 41

2.1. O problema da fundamentação da moral 43

2.2. A distinção entre moral crítica e moral convencional 53

2.3. O direito como instituição vinculada à moral crítica 56

2.3.1. O argumento da legitimação do direito em Habermas 56

2.3.2. O argumento dos princípios em Alexy 60

Parte II
ESTADO, ADMINISTRAÇÃO PÚBLICA E MORALIDADE

3. A Administração Pública e a evolução de sua disciplina no marco do Estado de Direito 67

3.1. A fase de predomínio do modelo liberal-individualista 70

3.2. A fase de predomínio do modelo social-interventivo 74

3.3. A crise do modelo social-interventivo 78

3.4. A corrupção e a questão da moralidade na crise do modelo social-interventivo 81

4. A elaboração da noção de moralidade administrativa no direito francês e a sua recepção no direito brasileiro 87

4.1. O *Conseil d'Etat* e a contribuição da doutrina francesa 87

4.1.1. O aporte de Hauriou ao controle do desvio de poder 89

4.1.2. O controle do desvio de poder no direito francês 95

4.2. A recepção da noção de moralidade administrativa no direito brasileiro: a influência sobre a legislação, a doutrina e a jurisprudência 97

Parte III
O PRINCÍPIO DA MORALIDADE ADMINISTRATIVA NA CONSTITUIÇÃO BRASILEIRA DE 1988

5. O significado do princípio da moralidade administrativa: uma tarefa de reconstrução do sentido 103

5.1. A compreensão da doutrina no período anterior a 1988 105

5.2. A força exercida pela atual moldura constitucional 108

5.3. A evolução e a autonomização observadas no período recente 120

6. As potencialidades do princípio da moralidade administrativa: uma tarefa para a concretização da norma 129

6.1. A função conformadora e a formação ético-profissional do agente público 130

6.2. A função repressiva e a aplicação da Lei de Improbidade Administrativa 133

6.3. A função corretiva e a invalidação do ato administrativo . . . 136

Conclusão 139

Referências bibliográficas 143

Introdução

Experimentamos, os brasileiros, aguda desolação, por vezes indignação, no que se refere à administração de nossos interesses pelo poder público. São tantos os desmandos, os desvios, os abusos, se não também os exemplos de desrespeito e descaso por quem acorre às repartições, que a desolação e a indignação apenas se podem transmudar na banalização desses mesmos sentimentos.

Certo, não somos os únicos a experimentar isso. A corrupção e a ineficiência da Administração Pública, bem como o descrédito que ambas impõem ao Estado são elementos da crise do modelo estatal social-interventivo, observada nos países ocidentais no último quartel do século XX. Seja nos países ricos, de fato, onde se concretizaram muitas das expectativas lançadas com a formação desse modelo, seja nos países pobres, em que tais expectativas não se revelaram mais que meros sonhos, passou o poder público a conviver com a desconfiança da população quanto à capacidade estatal de administrar adequadamente os interesses gerais.

A crise a que nos referimos – nesta era de crises, como se tem dito – manifesta-se como desgaste do modelo estatal social-interventivo e incerteza quanto àquele que virá. Admitindo, no entanto, que o Estado ocupa uma posição central na execução do projeto democrático da modernidade (ainda que se possa refundir em novos termos) e que os grandes problemas sociais e econômicos somente encontrarão remédio com a atuação reta e eficiente do poder público (em cooperação, é verdade, com alguns setores privados comprometidos com o interesse comum), propomos, neste trabalho, examinar o princípio da moralidade administrativa – positivado constitucionalmente em nosso sistema – qual elemento de importância destacada na conformação e no controle da Administração Pública, bem assim na recuperação da credibilidade do Estado, a ser reproposto como entidade apta à realização do bem comum.

Não queremos – advirta-se – discutir as funções e, tampouco, as dimensões do Estado, ou mesmo o conteúdo da fórmula *bem comum*. Aceitando, em vez disso, como dissemos, que do Estado não prescinde sua realização, voltamos nossa atenção ao princípio da moralidade administrativa, que, para nós, se apresenta como elemento normativo-conceitual vocacionado a reorientar a Administração Pública ao estrito cumprimento de seu mister. E não só a especial relevância mas também o alto grau de indeterminação do princípio nos impelem a seu estudo, consistindo, aliás, nessa indeterminação o problema a ser enfrentado. Nosso objetivo, portanto, é definir os contornos do princípio da moralidade administrativa para – assim esperamos – lhe favorecer a aplicação.

Ante tal desiderato, cabe-nos preambularmente indagar sobre o sentido que a expressão *moralidade* assume no plano do direito. Vale dizer: cumprindo delinear uma norma jurídica formada por mandado tão indeterminado quanto o da moralidade, norma hoje positivada, em nosso sistema, por meio de textos que se limitam a enunciar um *princípio da moralidade* (art. 37, *caput*, da Constituição Federal) ou, apenas, a *moralidade administrativa* como objeto de proteção da ação popular (art. 5º, inc. LXXIII, da Constituição), e sendo este um estudo jurídico, mesmo que por vezes interdisciplinar, de rigor perquirir como se inserem no âmbito do direito as noções de moral e moralidade, *i.e.*, como se compreendem tais noções desde o ponto de vista do direito. Mais ainda: se desejamos principiar o estudo num nível de abordagem nem tão sujeito a afirmações arbitrárias, a preconceitos ou, simplesmente, a opiniões preestabelecidas, às vezes equivocadas, de examinar como se compreendem as noções de moral e moralidade a partir da filosofia do direito. Tal necessidade se manifesta, deveras, quando, simulando um primeiro contato com a referida norma (e não com o texto – veja-se – porquanto já existente a norma, como acreditamos, antes da sua positivação na atual Constituição), indagamos: o que quer dizer moralidade? o que pode significar moralidade enquanto exigência jurídica? como se deve compreender uma norma jurídica que prescreve moralidade? Para encontrar respostas a esses questionamentos ou, que seja, para torná-las viáveis em bases minimamente consistentes, tomaremos o debate sobre a relação entre o direito e a moral como foco inicial.

Numa primeira perspectiva, de natureza histórica, veremos que a relação entre o direito e a moral somente ganha contornos definidos com o advento do Estado moderno, pois, antes disso, o que há é uma realidade de superposição entre as duas ordens, aparecendo o direito natural, a um só tempo, como figura jurídica e moral. Apenas no Estado moderno, secularizado e concentrador da produção jurídica, torna-se possível compreender e conceituar separadamente o direito e a moral, surgindo, nesse contexto, a distinção proposta por Thomasius, depois elaborada por Kant, na qual se define o direito como instância normativa externa, e a moral, como instância normativa interna – uma definição, em realidade, ainda presa às concepções metafísica da moral e jusnaturalista do direito, acreditando Kant numa dimensão transcendental da nossa consciência (a razão), na qual habitariam juízos morais universais e absolutos, entendidos como fundamentos do direito. Assim, o declínio da fundamentação jusnaturalista somente advém no século XIX, firmando-se, a partir daí, a visão positivista do direito.

A codificação na Europa continental e a absorção do direito costumeiro pelo precedente judicial na Inglaterra levaram o jurista europeu a atuar num âmbito mais restrito, encontrando no direito positivo o material de que necessitava. A práxis jurídica adquiriu feições técnicas, enquanto o saber em torno do direito desenvolveu aspirações científicas. O positivismo jurídico exprimiu, então, um novo modo de compreender o direito, além de repercutir, entre os juristas, a visão de mundo do homem moderno, propondo varrer da teoria jurídica todos os elementos de índole metafísica. Cabe alusão, bem por isso, ao trabalho de Hans Kelsen, que, rejeitando a idéia de uma moral universal e absoluta, como também, por conseqüência, a noção do direito natural, ultimou a tese da separação entre o direito e a moral.

Nem tudo, porém, é tão simples, remanescendo pendente, após a secularização do Estado e a autonomização do direito, o problema da fundamentação do poder e do próprio direito. O que se não admite, por certo, é a subsistência de justificações metafísicas, como as do direito natural, insustentáveis perante o homem moderno, de pensamento emancipado. Mas nem tudo é tão simples igualmente porque, descartada a idéia do absoluto e do divino, ao menos enquanto instância de fundamentação racional, muito pouco se mantém como base de justificação ética. Daí dizer-se que o homem emancipado é também um homem desencantado: como fará ele, agora, para fundamentar seu posicionamento moral? Autores como Kelsen sustentam exatamente que não se mostra possível tal fundamentação. Sobre a escolha de valores nada pode a ciência dizer – acredita –, toca à política decidir, de modo que, para o autor, uma teoria (científica) do direito não pode ser outra coisa senão uma teoria jurídica formal.

Essa visão, que era também a de Max Weber, consubstanciou o relativismo ético, resultado lastimável do processo de esclarecimento do homem moderno. Novos ventos sopram, contudo, há algumas décadas, permitindo-nos ambicionar algo mais que simples esclare-

O Princípio da Moralidade Administrativa

cimento, quem sabe verdadeiro amadurecimento, que leve o homem a assumir responsabilidades frente ao mundo que construiu. Já se nota, com efeito, uma tendência de recuperação da filosofia ética, delineando-se uma corrente de pensamento voltada à justificação racional da moral em bases pós-metafísicas. Sua tarefa, no que se refere à temática específica do direito, consiste em avançar para além do positivismo, sem abrir mão do que de melhor ele produziu.

São contribuições oferecidas nesse sentido, desde meados do século XX, que nos proporcionam um enfoque renovado da relação entre o direito e a moral, cumprindo citar, pelo papel que assumem no presente trabalho, os aportes de Jürgen Habermas e Robert Alexy. Descobre-se, então, um horizonte mais prometedor, a encorajar a realização deste estudo, no qual intentamos definir o princípio da moralidade administrativa, com o firme propósito de vê-lo mais efetivo na conformação e no controle da Administração Pública e, sobretudo, na reafirmação do Estado qual entidade apta à realização do bem comum.

Mantendo esse objetivo, desenvolvemos o trabalho em três partes. A primeira, de conteúdo preponderantemente filosófico, dedica-se à reflexão sobre o tema da relação entre o direito e a moral, visando assentar os alicerces teóricos indispensáveis ao desenvolvimento do estudo. Tal reflexão se processa em dois estágios, sendo o primeiro sobre a tese positivista da separação entre o direito e a moral (capítulo 1), e o segundo sobre a tese da vinculação entre essas duas ordens no contexto do moderno mundo ocidental (capítulo 2). A segunda parte do trabalho, voltada para conteúdos históricos igualmente necessários à compreensão do princípio da moralidade administrativa, observa a evolução do Direito Administrativo pelas lentes da história política (capítulo 3) e reconstrói o processo de elaboração e desenvolvimento da noção de moralidade administrativa (capítulo 4). A terceira parte, enfim, alberga um estudo de índole conceitual, enfocando o princípio da moralidade administrativa como norma de estatura constitucional em nosso sistema, perscrutando-lhe o significado (capítulo 5) e investigando-lhe as potencialidades (capítulo 6).

Parte I
DIREITO E MORAL

1. A tese da separação entre o direito e a moral como rejeição ao pensamento metafísico

Ao enfocar o tema da relação entre o direito e a moral, divisamos, num primeiro nível de abordagem, duas grandes linhas de entendimento, expressas nas teses da vinculação e da separação. A primeira se identifica com o jusnaturalismo e vê no direito natural a vinculação das normas jurídicas às normas morais. A segunda se apresenta com o positivismo jurídico, afirmando a independência do direito em relação à moral, idéia que encontra em Kelsen sua máxima expressão.[1] Tal dissídio anima, aliás, toda a polêmica sobre o conceito de direito, uma vez que aí se controverte, fundamentalmente, sobre a inclusão ou não, nesse conceito, de uma referência à moral. Claro, enquanto para o jusnaturalismo o direito se define, necessariamente, como referido e vinculado à moral, para o positivismo inexiste uma referência ou vinculação conceitual necessária entre as duas ordens.[2]

Num segundo nível de abordagem, veremos – quadra adiantar – que o tema da relação entre o direito e a moral e a questão, mesma, sobre o conceito de direito hoje transcendem os limites da disputa travada entre o jusnaturalismo e o positivismo.[3] De outra parte, cabe marcar que a controvérsia ora enfocada reflete uma tensão bem mais antiga que a observada entre o jusnaturalismo e o positivismo (mais antiga obviamente que a locução *positivismo jurídico*), uma tensão verificada entre o direito natural e o direito positivo, sempre presente em críticas opostas às normas dos governantes, como na conhecida tragédia de Sófocles – *Antígona* – sobre a mulher que desobedece

---

[1] KELSEN, Hans. *Teoria Pura do Direito*. São Paulo: Martins Fontes, 1991.

[2] Veja-se um panorama sobre esse debate em ALEXY, Robert. *El Concepto y la Validez del Derecho*. Barcelona: Gedisa, 1997, pp. 13 e ss.

[3] Note-se que Robert Alexy emprega, em sua análise sobre o conceito de direito, as expressões *positivista* e *não positivista*, de modo a incluir, no grupo designado pela segunda, teorias que rejeitam ou superam o positivismo mas não se pretendem jusnaturalistas (ibid.). Examinaremos algumas das soluções apontadas por essas teorias, entre elas a de Alexy, no capítulo 2.

a uma norma do rei para cumprir as normas dos deuses.[4] Robert Alexy, pondo em foco essa discussão, de mais de dois mil anos, lembra também o caso de Alcebíades, que, dirigindo-se a Péricles, pergunta-lhe se a lei de um tirano que toma o poder deve mesmo ser considerada uma lei.[5]

Mas é certo que essa tensão – gerada, em realidade, no conflito entre direito positivo e justiça – projeta toda a sua força no desacordo que se estabelece, historicamente, entre o jusnaturalismo e o positivismo, devendo ficar claro, outrossim, que ambas as posições correspondem a um diversificado número de teorias, simplificadamente agrupadas, por motivos didáticos, como jusnaturalistas ou positivistas. Com efeito, de um lado se encontram as teorias jusnaturalistas, a propugnar, no decorrer dos séculos, as mais diferentes noções de justiça, a ela atribuindo conteúdos que vão desde a escravidão à soberania popular.[6] Assemelham-se, porém, essas mesmas teorias quanto à via de fundamentação, sustentando a existência de normas morais objetivas e absolutas – o direito natural –, extraídas, pela revelação de Deus ou da razão, da natureza.[7] De outro lado se encontram as teorias positivistas, a defender, também, teses muito distintas, que Hoerster assim cataloga: a) o conceito de direito se define sem uma referência à moral; b) não se conhece um critério do direito correto (justo); c) o direito positivo deve ser obedecido em todas as circunstâncias; d) o conceito de direito deve incluir apenas as normas feitas pelo legislador; e) uma ordem jurídica é uma sistema fechado que permite deduzir de seus próprios componentes, com neutralidade, todas as normas jurídicas.[8] Como elemento comum, as teorias positivistas mantêm apenas a tese designada pela letra "a", sendo que as demais surgem em combinações variadas, de acordo com a teoria de cada autor. Todos eles afirmam, portanto, a inexistência de

---

[4] Na tragédia escrita por Sófocles, Antígona descumpre um édito do Rei Creonte que proibia a todos prestar sepultamento a Polinices, proclamado traidor após morrer em combate e devendo, por isso, servir de banquete aos abutres. Antígona, irmã de Polinices, dá-lhe sepultamento, com as homenagens de costume, e, após, já diante do Rei, declara: *A tua lei não é a lei dos deuses; apenas o capricho ocasional de um homem. Não acredito que tua proclamação tenha tal força que possa substituir as leis não escritas dos costumes e os estatutos infalíveis dos deuses. Porque essas não são leis de hoje, nem de ontem, mas de todos os tempos: ninguém sabe quando apareceram* (SÓFOCLES. *Antígona.* Rio de Janeiro: Paz e Terra, 1997, p. 22).

[5] ALEXY, Robert. *El Concepto...,* p. 13.

[6] Para uma retrospectiva da evolução e da transformação do conteúdo do direito natural, consulte-se BOBBIO, Norberto. *Locke e o Direito Natural.* Brasília: UnB, 1997.

[7] *Em outras palavras, as doutrinas que, no curso dos séculos, foram chamadas de "teorias do direito natural" não tiveram em comum uma determinada moral, que tenham defendido ou pregado, mas, sim, o fato de que sustentaram um determinado fundamento e uma determinada justificativa para a moral, qualquer que tenha sido o seu conteúdo* (ibid., p. 57).

[8] HOERSTER, Norbert. *Recht und Moral.* Stuttgart: Reclam, 1998, p. 12. Veja-se também, do mesmo autor, *En Defensa del Positivismo Jurídico.* Barcelona: Gedisa, 1992, pp. 11 e ss.

uma vinculação conceitual necessária entre o direito e a moral, e, nessa linha, uma norma jurídica ou um ordenamento não deixam de ser considerados como direito ainda que seu conteúdo afronte exigências morais.[9] O que determina a qualificação da norma ou do ordenamento como direito é o critério da legalidade conforme ao ordenamento ou dotada de autoridade e/ou o critério da eficácia, admitindo-se, por conseqüência, a hipótese de um direito injusto.[10] Trata-se, como expõe Carrió, de um *approach*, uma atitude positivista.[11]

Como quer que seja, apresentando versões extremadas e outras nem tanto, o positivismo resultou por ferir sua marca na evolução da teoria do direito, contribuindo de maneira importante para a compreensão do fenômeno jurídico, para a sistematização do saber a ele relacionado e, também, para a superação dos equívocos e enganos do pensamento metafísico presente na tradição jusnaturalista.[12] Vale mesmo dizer que ele marcou o início da era científico-racional do pensamento jurídico, deixando para trás a idéia do direito natural, que não mais se mostrava plausível ao olhos do homem moderno, esclarecido e emancipado.[13] Daí iniciarmos a primeira parte deste

---

[9] Id. *Recht...*, p. 12. No mesmo sentido, ALEXY, Robert. *El Concepto...*, p. 13.

[10] Segundo observa Alexy, *para el concepto positivista de derecho, quedan sólo dos elementos definitorios: el de la legalidad conforme al ordenamiento o dotada de autoridad y el de la eficacia social. Las numerosas variantes del positivismo jurídico resultan de las diversas interpretaciones y del peso que se dé a estos dos elementos definitorios. A todas ellas es común el hecho de que lo que es derecho depende de lo que es impuesto y/o es eficaz* (ibid., pp. 13-4).

[11] Alicerçado na compreensão de Bobbio – segundo a qual o positivismo jurídico pode ser visto como a) uma forma de abordar o estudo do direito, b) uma teoria do direito, c) uma ideologia do direito (BOBBIO, Norberto. *O Positivismo Jurídico: Lições de Filosofia do Direito*. São Paulo: Ícone, 1995) – Genaro Carrió afirma que o positivismo, como abordagem, representa *un cierto enfoque metódico [approach] frente a los problemas teóricos y prácticos originados por la existencia de órdenes jurídicos positivos. Según tal enfoque, del hecho de que las exigencias que formula una regla, o los derechos que confiere, sean incompatibles con los requerimientos de la justicia o de la moral, no se sigue que esa regla no sea una regla de derecho positivo. Este enfoque se expresa habitualmente diciendo que no existe una conexión necesaria entre el derecho y la moral, lo cual no excluye la existencia de muchas otras conexiones de diferentes tipos entre uno y otra* (CARRIÓ, Genaro. *Notas sobre Derecho y Lenguaje*. Buenos Aires: Abeledo-Perrot, 1994, p. 325). E, mais adiante, acrescenta: *los criterios que caracterizan la actitud positivista sirven para identificar "prescripciones" (lato sensu) del derecho positivo. Esas prescripciones tienen, valga la perogrullada, carácter prescriptivo. Claro está que carácter prescriptivo jurídico; no (o no necesariamente) carácter prescriptivo moral, religioso, de cortesía, etcétera* (ibid., p. 389).

[12] Considere-se que empregaremos, neste trabalho, o adjetivo *metafísico* no sentido de transcendente, *i.e.*, que transcende os limites da experiência possível, não associado, portanto, a determinada linha filosófica ou vertente específica da *Metafísica* (Metafísica Teológica, Metafísica Ontológica ou Metafísica Gnosiológica). Cfe. ABBAGNANO, Nicola. *Dicionário de Filosofia*. São Paulo: Martins Fontes, 2000, pp. 660-7.

[13] Como assevera Hoerster, *la suposición de normas y valores objetivos, independientes del sujeto valorante y accesibles a través de un acto del conocimiento, son difícilmente conciliables con una imagen científico-racional del mundo. La manifiesta falta de un método universalmente aceptado para un (supuesto) conocimiento en este ámbito es sólo uno de los problemas que aquí se presentan* (HOERSTER, Norbert. *En Defensa...*, pp. 57-8).

trabalho, voltada ao estudo da relação entre o direito e a moral, com um capítulo sobre a tese positivista da separação, referindo a tese jusnaturalista somente no que pela primeira se vê censurada e não esquecendo o propósito de alinhar, no capítulo 2, idéias que se colocam para além do positivismo, abrindo caminhos mais encorajadores que os que este oferece. Seguimos, por ora, com um breve panorama do processo de emancipação do homem moderno, a fim de compreender o contexto em que se insere a evolução da teoria jurídica.

1.1. O PROCESSO DE EMANCIPAÇÃO DO HOMEM MODERNO

Pode ser entendida a modernidade de diversas formas, sendo certo, contudo, que em sua definição devem ser incluídas as idéias de emancipação intelectual, de rompimento com as distorções subjetivas, de superação dos preconceitos tradicionais, de abandono, enfim, de tudo que impedia o homem de obter um conhecimento libertador – emancipação que, é claro, não ocorreu da noite para o dia, nem pode ser atribuída, com exclusividade, a uma só escola ou corrente de pensamento. Cuida-se antes de um processo lento e gradual, iniciado, talvez, com a confirmação da teoria heliocêntrica, de Copérnico, pelas lentes do telescópio de Galileu.

De fato, como sublinha Hannah Arendt, Galileu fez, ao inventar o telescópio, o que ninguém havia feito antes: revelar os segredos do Universo à cognição humana de modo acessível aos sentidos.[14] A mesma autora observa, entretanto, que dessa conquista se originou uma enorme incerteza quanto à possibilidade de os nossos sentidos captarem adequadamente a realidade, pois, afinal, como pudemos – ou como pôde a natureza – nos enganar durante tanto tempo mediante o aparente movimento do sol?[15]

Sem embargo, prosseguiu o desenvolvimento científico, e, além de Galileu, tivemos Bacon, Descartes, Newton, entre outros.[16] O

---

[14] ARENDT, Hannah. *The Human Condition*. Chicago/London: University of Chicago, 1998, pp. 259-60.

[15] Ibid., p. 262.

[16] *Bacon e Descartes – profetas de uma civilização científica, rebeldes contra um passado ignorante e dedicados a estudar a Natureza – anunciaram as bases epistemológicas gêmeas da cultura moderna. Em seus respectivos manifestos de empirismo e racionalismo, o significado do mundo natural e da Razão humana, que há muito se desenvolvia, iniciado pelos gregos e recuperado pelos escolásticos, chegou à expressão moderna definitiva. Sobre essa fundamentação dualista a Filosofia avançou e a Ciência triunfou: não foi por acaso que Newton empregou sistematicamente uma síntese prática do empirismo indutivo de Bacon e do racionalismo matemático dedutivo de Descartes, levando à plenitude o método científico iniciado em Galileu* (TARNAS, Richard. *A Epopéia do Pensamento Ocidental*. Rio de Janeiro: Bertrand Brasil, 1999, p. 303).

avanço da ciência e a paradoxal incerteza quanto à viabilidade de um conhecimento seguro explicam, aliás, o abandono do pensamento aristotélico-tomista, que entendia a natureza como se estivesse orientada para um objetivo superior e sublime, garantido por Deus: se assim fosse, como explicar haver a natureza – e Deus – nos enganado durante tanto tempo?[17] E se antes o homem precisava de Deus para compreender as coisas, agora ele dispunha da ciência, que passava a explicar a ordem no mundo como resultante de regularidades mecânicas observadas na natureza.[18] Tratava-se de uma nova visão de mundo, consubstanciada a partir de três grandes eventos: o Renascimento, a Reforma e, como pudemos ver, a Revolução Científica. Os três, juntos, *encerraram a hegemonia cultural da Igreja Católica na Europa e determinaram o espírito mais individualizado, cético e leigo da Era Moderna. Dessa profunda transformação cultural, a ciência emergiu como a nova crença do Ocidente.*[19] Significava, numa frase, que, não havendo mais uma religião monolítica dominando o pensamento ocidental, qualquer fundamentação teórica haveria de ser demonstrável racionalmente, passando as idéias religiosas a encontrar espaço apenas no plano pessoal e subjetivo.[20]

Na mesma senda, avançariam os filósofos do Iluminismo, dotados, porém, de uma otimista auto-estima e de uma grande confiança na razão humana, inspirados certamente nos promissores avanços de Newton.[21] Mas o empirismo de Locke, autor da célebre afirmação de que a mente é uma *tabula rasa* sobre a qual se escreve a experiência, levaria, mais tarde, ao ceticismo de Hume.[22] Como teoria conciliatória, surgiria, então, o pensamento de Kant, que, além de harmo-

---

[17] Hannah Arendt, ao examinar o advento da dúvida cartesiana, resultante do abandono da noção de algo que é evidente em si, refere que dois pesadelos marcaram a era moderna: no primeiro, a própria realidade é posta em dúvida, não sendo mais possível confiar nos sentidos; no segundo, imagina-se um Deus mau, que deliberadamente engana o homem, um *Dieu trompeur*, que criou um ser dotado da noção de verdade, a qual ele jamais será capaz de alcançar (ARENDT, Hannah. Ob.cit., p. 277).

[18] Cfe. TARNAS, Richard. Ob.cit., p. 308.

[19] Ibid., p. 306.

[20] Ibid., pp. 305 e ss.

[21] Cfe. RUSSELL, Bertrand. *História do Pensamento Ocidental*. Rio de Janeiro: Ediouro, 2001, pp. 331 e ss.

[22] Consulte-se LOCKE, John. *Ensaio acerca do Entendimento Humano*. São Paulo: Nova Cultural, 1991; e HUME, *Investigação sobre o Entendimento Humano*. Lisboa: Edições 70, [s.d.]. Veja-se ainda Richard Tarnas, para quem, com Hume, *a ênfase empirista na percepção dos sentidos que há muito se desenvolvia (desde Aristóteles, Tomás de Aquino, Ockham, Bacon, Locke) foi levada a seu máximo extremo, em que apenas existia a rajada e o caos dessas percepções; qualquer ordem a elas imposta seria arbitrária, humana e desprovida de qualquer base objetiva. Em termos da fundamental distinção de Platão entre o "conhecimento" (da realidade) e a "opinião" (sobre as aparências), para Hume todo conhecimento humano devia ser considerado opinião* (TARNAS, Richard. Ob.cit., p. 365).

nizar o empirismo com o racionalismo,[23] pretendia conciliar a visão científica com a necessidade da fé. Kant acreditava em Newton mas também em Deus. Sustentava que a ciência, embora não pudesse demonstrar as verdades da religião, tampouco as poderia validamente negar. Entendia que *Deus era um transcendental incognoscível – mas ponderável – servindo apenas ao sentido interior de dever moral do Homem.*[24] Não seria possível, como imaginava, justificar os deveres e a necessidade de uma existência moral sem a aceitação das proposições religiosas.[25]

Kant diferenciava, em todo conhecimento, excetuada a lógica, uma parte empírica e uma não-empírica, racional. Desse modo, aceitando a divisão clássica da filosofia em *lógica, física* e *ética*, subdividia as duas últimas em suas versões empíricas e racionais, sendo os saberes compreendidos pela filosofia, então, cinco.[26] O saber não-empírico, racional, correspondia à metafísica, como por ele entendida, e, logo, todo o conhecimento desenvolvido quer na *Fundamentação da Metafísica dos Costumes* (1785) quer na *Metafísica dos Costumes* (1797), obras dedicadas aos temas do direito e da moral, seria um conhecimento puro, *i.e.*, um conhecimento não obtido por meio da observação e da experiência, mas do que Kant pretendia ser o exercício da razão pura, formada por princípios ou juízos *a priori*. Tais princípios, segundo o filósofo, dariam fundamento às normas morais (e também às jurídicas), reforçando-lhes o cumprimento,[27] sendo tudo isso, a

---

[23] A respeito da conciliação entre o empirismo e o racionalismo, explica Tarnas que, para Kant, as *leis dos processos naturais eram produto da organização interna do observador em interação com eventos externos que jamais poderiam ser conhecidos em si mesmos. Por isso nem o empirismo puro (sem estruturas axiomáticas) nem o puro racionalismo (sem a evidência sensorial) constituíam uma estratégia epistemológica viável* (ibid., p. 373).

[24] Ibid., p. 333.

[25] Conforme Bertrand Russell, *o que a primeira "Crítica" pretende é delimitar o conhecimento a fim de dar lugar à fé. A existência de Deus não pode ser conhecida como uma verdade teórica, mas se impõe como uma crença em bases práticas* (RUSSELL, Bertrand. Ob.cit., p. 350). *Na verdade, no terreno prático somos obrigados a aceitar esta noção, uma vez que sem ela não pode haver uma adequada atividade moral. Para Kant, a possibilidade de agir segundo o imperativo categórico da lei moral comporta a implicação prática de que Deus existe* (ibid., p. 349).

[26] KANT, Immanuel. *Fundamentação da Metafísica dos Costumes*. Porto: Porto, 1995, pp. 25 e ss.

[27] Denominando antropologia a parte da ética formada por conhecimentos empíricos, Kant defendeu a necessidade de elaborar um conhecimento puro sobre as normas morais. Veja-se o seguinte trecho: *Não é verdade que é da mais extrema necessidade elaborar, um dia, uma pura Filosofia moral que seja completamente depurada de tudo o que possa ser somente empírico e pertença à Antropologia? Que tenha de haver uma tal filosofia ressalta com evidência da idéia comum do dever e das leis morais. Toda a gente tem de confessar que uma lei que tenha de valer moralmente, isto é, como fundamento de uma obrigação, tem de ter em si uma necessidade absoluta; que o mandamento "não deves mentir" não é válido somente para os homens, e que outros seres racionais se não teriam que importar com ele, e assim todas as restantes leis propriamente morais; que, por conseguinte, o princípio da obrigação não se há de buscar aqui na natureza do homem ou nas circunstâncias do mundo em que o homem está posto, mas, sim, "a priori", exclusivamente nos conceitos da razão pura; e que*

nosso ver, uma concepção ou, pelo menos, uma linguagem ainda metafísica, no sentido antes indicado.[28]

Observe-se, neste passo, que o conceito de direito de Kant e a sua explicação sobre a relação entre o direito e a moral, como exsurgem das obras acima citadas, integram o plano ideal e prescritivo, contemplando apenas a ordem do *dever ser* e não do *ser*.[29] Claro que nem toda teoria prescritiva, assim designada por oposição a uma teoria descritiva, tem necessariamente de ser metafísica, de modo que, quando se define a teoria kantiana apresentada na *Fundamentação da Metafísica dos Costumes* e na *Metafísica dos Costumes* como prescritiva, isso quer dizer, num primeiro momento, que o trabalho ali exibido corresponde a uma teoria ética (aí incluída uma teoria da justiça), compreendida, num segundo momento, como uma teoria ética de base metafísica ou, no dizer de Tugendhat, pseudo-religiosa.[30]

1.2. O POSITIVISMO JURÍDICO COMO PENSAMENTO EMANCIPATÓRIO

Do que vimos, se extrai que a emancipação intelectual do homem moderno, com a superação do pensamento metafísico, constitui um processo lento e gradual, residindo as maiores dificuldades, sem

---

qualquer outro preceito baseado em princípios da simples experiência, e mesmo um preceito em certa medida universal, se ele se apoiar em princípios empíricos, num mínimo que seja, talvez apenas por um só móbil, poderá chamar-se na verdade uma regra prática, mas nunca uma lei moral (ibid., p. 27).

[28] Sobre o emprego do adjetivo *metafísico*, reveja-se a nota nº 12.

[29] Como demonstra Bobbio, *o problema que Kant está resolvendo por meio de sua definição não é o que é o direito, mas o que o direito deve ser. O problema de Kant é, numa só palavra, o problema da justiça, ou seja, do critério com base no qual seja possível distinguir o que é justo do que é injusto. Quando ele diz que o direito é "o conjunto das condições, por meio das quais o arbítrio de um pode estar de acordo com o arbítrio de um outro segundo uma lei universal da liberdade", não entende estabelecer aquilo que é o direito na realidade histórica, mas aquilo que deveria ser o direito para corresponder ao ideal de justiça. Não está dito, com efeito, que o direito seja, na realidade, aquilo que Kant indica na sua definição. O que Kant visa é o ideal do direito, ao qual qualquer legislação deve adequar-se para poder ser considerada como justa* (BOBBIO, Norberto. *Direito e Estado no Pensamento de Emanuel Kant*. Brasília: UnB, 1995, p. 71).

[30] Confira-se a articulação de Tugendhat: *Ora, apenas para filósofos que acreditavam que a nossa consciência possuía uma dimensão pré ou supra-empírica, como Platão e Kant, poderia aparecer como compreensível que pudéssemos compreender "a priori" algo não empírico. Não é sugestivo que, quando temos que recusar uma fundamentação religiosa, tenhamos que rejeitar também uma fundamentação "a priori" ("metafísica")? Parece ser sugerido que uma tal fundamentação "a priori" é uma fundamentação pseudo-religiosa, uma tentativa de secularizar uma fundamentação religiosa* (TUGENDHAT, Ernst. *Lições sobre Ética*. Petrópolis: Vozes, 2000, p. 16). Pondere-se, todavia, que a metafísica kantiana é já uma metafísica purificada, uma metafísica submetida à crítica, especialmente àquela que o filósofo apresenta na *Crítica da Razão Pura*. Como ensina Thadeu Weber, a crítica, em Kant, *representa uma restrição do uso da razão, exatamente porque mostra suas capacidades e limites. Tem a função de purificar a metafísica* (WEBER, Thadeu. *Ética e Filosofia Política: Hegel e o Formalismo Kantiano*. Porto Alegre: EDIPUCRS, 1999, p. 19).

O Princípio da Moralidade Administrativa

dúvida, no plano das idéias morais, onde o abandono de noções como o divino ou o absoluto produz um considerável mal-estar.[31] Isso explica, com certeza, a notável longevidade do jusnaturalismo, que, encontrando raízes na visão mágica das tribos primitivas, permeou a construção do saber filosófico de Aristóteles a Tomás de Aquino, vindo a desfrutar o seu melhor período justamente nos séculos XVII e XVIII, com a contribuição do racionalismo.[32]

O século XIX, contudo, assistiria ao declínio do direito natural, após a secularização do Estado e a concentração da produção jurídica nas suas mãos. Seria, ademais, o grande momento do utilitarismo inglês, do historicismo alemão e do legalismo francês, todos convergindo, de alguma forma, para o positivismo jurídico.[33] E eis o século XX, então, quando surgem os trabalhos mais bem acabados do positivismo, as obras de Kelsen e Hart, que passamos a expor, enfocando sempre o problema específico da relação entre o direito e a moral.

1.2.1. Kelsen e a máxima expressão da tese da separação

Kelsen sustentou, em sua *Teoria Pura do Direito*, a idéia da separação entre o direito e a moral, como, é certo, tantos já sabem.[34] O curioso, todavia, é observar que ele introduziu essa idéia como uma

---

[31] Oportuna, aqui, a análise de Alf Ross sobre o pensamento filosófico dependente da noção do absoluto: *O fator fundamental em todas as manifestações dessa linha de pensamento é um temor da existência e dos poderes que dominam o homem, e a necessidade de buscar refúgio em algo absoluto, algo que esteja acima de toda mudança e que possa oferecer paz e segurança. Paz e segurança não somente diante dos poderes cósmicos da existência – a incerteza da vida, os infortúnios e a morte – mas também como defesa contra as ansiedades e dúvidas da própria alma humana, o temor de ser responsável pela próprias ações. O absoluto tem, assim, tanto natureza cósmica quanto natureza moral; é, simultaneamente, ordem do mundo e lei moral. Tal postura ante a vida é tipicamente infantil. A história da ciência é a história da liberação do espírito humano dessas pesadas cadeias do temor. Entretanto, trata-se de um processo ainda infindo. Se, por um lado, a visão científica conquistou o domínio no modo de ver a natureza, por outro, nas questões sociais, morais e jurídicas, permanecemos encalhados num persistente infantilismo* (ROSS, Alf. *Direito e Justiça*. Bauru: EDIPRO, 2000, p. 268).

[32] Ibid., pp. 267 e ss. Veja-se também BOBBIO, Norberto. *Locke...*, pp. 30 e ss.

[33] Ibid., p. 24. Ainda, de Bobbio, consulte-se, *O Positivismo...*, pp. 119 e ss. Repare-se, nesta altura, que o positivismo jurídico não resultou apenas de uma nova visão de mundo, encampada por alguns teóricos do direito; decorreu, também, do processo histórico da autonomização do direito, marcado pela secularização do Estado e pela institucionalização da produção jurídica. Como afirma Bobbio, *o positivismo jurídico nasce do impulso histórico para a legislação, se realiza quando a lei se torna a fonte exclusiva – ou, de qualquer modo, absolutamente prevalente – do direito, e seu resultado último é representado pela codificação* (ibid.). Interessante constatar, aliás, com o mesmo autor, que a expressão *positivismo jurídico* não deriva do termo *positivismo* em sentido filosófico, embora tenha havido uma influência recíproca entre filósofos e juristas positivistas no séc. XIX, como também no início do século XX, época em que autores adeptos do positivismo jurídico compartilharam idéias com filósofos positivistas (também denominados neo-positivistas) do chamado Círculo de Viena. O positivismo jurídico, como ensina Bobbio, nada tem a ver, em suas origens, com o positivismo filosófico: *A expressão "positivismo jurídico" deriva da locução "direito positivo" contraposta àquela de "direito natural"* (ibid., p. 15).

[34] KELSEN, Hans. *Teoria Pura...*, pp. 63 e ss.

revisão do critério kantiano de distinção entre direito e moral, fazendo parecer, inicialmente, que se tratava apenas de uma revisão de critérios.[35] Apresentou, logo em seguida, no entanto, uma concepção inteiramente relativista dos valores, em franca oposição à ética metafísica de Kant, daí seguindo na direção da tese da separação entre o direito e a moral.[36] Cumpre, por isso, esclarecer que distinção não significa o mesmo que separação, e que a noção de distinção de Kant não leva à separação entre o direito e a moral, como preconizada por Kelsen.

O que examinaremos adiante constitui, pois, a tese da separação entre direito e moral de Kelsen, autor que revê o critério de distinção de Kant e, mais que isso, rejeita sua moral universal e absoluta, defendendo uma posição de relativismo ético. De notar, porém, a influência que a teoria do conhecimento de Kant exerceu na obra de Kelsen, na qual figura como pressuposto lógico transcendental a norma fundamental.[37]

De considerar, também, a importância da distinção kantiana entre direito e moral – não obstante o equívoco de definir o primeiro como legislação externa e a segunda como legislação interna –, visto como contribuiu à formação do Estado Liberal, apontando para a limitação dos poderes do soberano e a definição das liberdades e do espaço do indivíduo, com a identificação de uma esfera (a da moral ou, em outros termos, da consciência) em que o Estado não poderia intervir.[38]

---

[35] O critério kantiano de distinção entre direito e moral se baseia, como veremos, na dicotomia *plano externo/plano interno*, dando seguimento a uma idéia que já havia sido introduzida por Cristiano Thomasius, em 1705, com a obra *Fundamenta Iuris Naturae et Gentium*.

[36] KELSEN, Hans. *Teoria Pura...*, pp. 69 e ss.

[37] Ibid., p. 214. Sobre a influência da teoria do conhecimento de Kant em Kelsen, veja-se LEAL, Rogério Gesta. *Hermenêutica e Direito*. Santa Cruz do Sul: EDUNISC, 1999, pp. 54 e ss.; e ROCHA, Leonel Severo. *Epistemologia Jurídica e Democracia*. São Leopoldo: Unisinos, 1998, pp. 63-77. Assinala Rogério Gesta Leal que a teoria pura de Kelsen encontrou elementos na teoria do conhecimento de Kant e não em sua teoria ético-jurídica, ainda jusnaturalista (LEAL, Rogério Gesta. Ob.cit., p. 61). É o que se depreende do seguinte trecho em Kelsen: *A hipótese do absolutismo filosófico de que haja uma existência absoluta independente do conhecimento é meramente a de refletir, como um espelho, os objetos existentes em si mesmos, ao passo que a epistemologia relativista, em sua mais clássica exposição, por Kant, interpreta o processo cognitivo como o processo de criação do seu objeto. Esta visão implica que o sujeito humano cognoscente é – epistemologicamente – o criador de seu próprio mundo, um mundo construído exclusivamente no e pelo seu conhecimento* (KELSEN, Hans. *A Democracia*. São Paulo: Martins Fontes, 2000, p. 348).

[38] Conforme destaca Bobbio, *dizer-se que o direito devia contentar-se com a adesão exterior, significava dizer que o Estado, de cuja vontade a lei era a manifestação principal, não devia intrometer-se em questões de consciência, e portanto devia reconhecer para o indivíduo um âmbito da própria personalidade destinado a permanecer livre de qualquer intervenção de um poder externo como o Estado. Era, portanto, o reconhecimento de que o poder do Estado tinha limites enquanto podia, sim, ampliar a sua jurisdição sobre fatos externos do indivíduo, mas não também sobre fatos internos, e existia ainda algo no indivíduo, a consciência, que estava completamente excluída desta jurisdição. Até que os conceitos*

Pois bem. As divergências de Kelsen quanto ao critério de distinção de Kant se voltam, basicamente, contra o entendimento de que o direito prescreve uma conduta externa, e a moral, uma conduta interna, e de que as normas morais são cumpridas por *puro dever moral*, internamente vivenciado, e não em virtude de qualquer inclinação interna ou motivo egoístico. Advirta-se que, para Kant, o cumprimento de um dever pode resultar de um *interesse egoístico*, como o desejo de não sofrer uma sanção (moral ou jurídica); pode também decorrer de uma *inclinação interna*, como o caso daqueles que cumprem os deveres morais porque lhes dá prazer e satisfação ver a alegria e a felicidade dos outros; ou pode, ainda, se originar do *puro respeito ao dever*, sendo que apenas nessa terceira hipótese a conduta tem valor moral.[39] O dever se distingue, assim, do prazer, porque somente o puro respeito ao dever corresponde a uma vontade livre e racional, que compartilha da ordem absoluta e universal, dela fazendo derivar os princípios que norteiam o seu dever. Trata-se, na compreensão de Kant, de uma *lei suprema* que determina: *Age apenas segundo uma máxima tal que possas ao mesmo tempo querer que ela se torne lei universal.*[40]

Em sentido inverso, por seu turno, Kelsen rejeitou, e de maneira enfática, a idéia de uma ordem moral absoluta e universal, negando, da mesma forma, a asserção de que a moral se caracteriza por exigir uma conduta interna desinteressada, desprendida, de cumprimento do dever por simples consideração ao dever. Conforme o autor, as normas morais subsistem, e valem, sejam elas obedecidas desinteressadamente ou não, resultando equivocado definir a moral a partir

---

de moral e direito não recebessem uma boa distinção, o Estado exigia a sujeição não somente dos comportamentos externos do indivíduo, mas também da sua consciência. (...) Somente através de uma distinção clara entre leis que obrigam em consciência e leis que não obrigam em consciência e atribuindo ao Estado o poder de exigir a obediência somente das segundas, chegou-se a distinguir o Estado, como legislação externa, da Igreja ou da razão como sistemas de legislação interna, e admitiu-se como legítimo para o Estado um âmbito mais restrito e mais delimitado de eficácia que coincidia com o âmbito da legalidade distinta da moralidade (BOBBIO, Norberto. *Direito e Estado...*, pp. 57-8).

[39] KANT, Immanuel. Ob.cit., pp. 45 e ss.

[40] Ibid., p. 59. Noutra passagem, explica: *A necessidade prática de agir segundo este princípio, isto é, o dever, não assenta em sentimentos, impulsos e inclinações, mas, sim, somente na relação dos seres racionais entre si, relação essa em que a vontade de um ser racional tem de ser considerada sempre e simultaneamente como legisladora, porque de outra forma não podia pensar-se como fim em si mesmo. A razão relaciona, pois, cada máxima da vontade concebida como legisladora universal com todas as outras vontades e com todas as acções para connosco mesmos, e isto não em virtude de qualquer outro móbil prático ou de qualquer vantagem futura, mas em virtude da idéia da dignidade de um ser racional que não obedece a outra lei senão àquela que ele mesmo simultaneamente dá* (ibid., p. 71). E isso toca a noção de Kant sobre a dignidade da pessoa humana, pois o *sujeito dos fins, isto é, o ser racional mesmo, não deve nunca ser posto por fundamento de todas as máximas das acções como simples meio, mas como condição suprema restritiva do uso dos meios, isto é, sempre simultaneamente como fim* (ibid., p. 75).

de um evento subjetivo de suposto desprendimento. Ela existe e pode ser verificada, numa dada coletividade, conquanto obedecida por desejo de reconhecimento e aceitação social, ou, ainda, se contrária às inclinações internas dos indivíduos.[41] Certo grau de contrariedade, aliás, se faz ínsito a qualquer ordenamento normativo. É que a moral – afirma Kelsen – não deixa de prescrever condutas contrárias a certas inclinações internas, o mesmo valendo para o direito, já que inócuo seria determinar apenas condutas conformes a todas as inclinações, o que, de resto, nos parece impossível, considerada a imensa diversidade entre elas. Segundo Kelsen, uma ordem social normativa só tem razão de ser se for para prescrever condutas diferentes daquelas que resultariam do fato de cada um seguir suas próprias inclinações, pois ela *só tem sentido se os indivíduos tiverem que se conduzir mesmo contra estas inclinações ou interesses egoísticos.*[42] A par disso, quando os homens atuam em conformidade com uma ordem social normativa (moral ou jurídica), seja por simples dever ou para evitar sanções externas, manifestam, em todos os casos, uma inclinação pessoal, momentânea ou não, que, é claro, pode ter sido provocada pelas normas sociais fosse a inclinação, na ausência delas, diferente.[43]

Parece, com efeito, irrefutável a premissa brevemente aduzida por Kelsen de que *a satisfação da exigência de que devemos agir por outros motivos que não a nossa inclinação ou o nosso interesse egoístico é psicologicamente impossível.*[44] Logo, se para Kant age por inclinação aquele que encontra uma íntima satisfação em sua ação, razão assiste a Kelsen em afirmar que mesmo quem age por dever, por pura consideração à lei, age por inclinação, *pois age assim porque encontra uma íntima satisfação em observar a lei, porque a consciência de agir de conformidade com a lei, de conformidade com o dever, lhe dá uma "íntima satisfação".*[45]

Prosseguindo no exame do critério de distinção entre direito e moral, Kelsen verifica que as duas ordens tampouco se diferenciam pelo modo de produção de suas normas, porque tanto as normas morais como as jurídicas são criadas a partir do costume ou da elaboração consciente do homem. Quanto à última hipótese, recorda o caso do profeta ou do fundador de uma religião, a estabelecer normas morais.[46] A moral, portanto, assim como o direito, é positiva,

---

[41] KELSEN, Hans. *Teoria Pura...*, pp. 65 e ss.

[42] Ibid., p. 65.

[43] Ibid., p. 66.

[44] Ibid.

[45] Ibid., p. 67.

[46] Ibid., p. 68.

sendo que, para Kelsen, *só uma Moral positiva tem interesse para uma Ética científica, tal como apenas o Direito positivo interessa a uma teoria científica do Direito*,[47] sintetizando, neste último trecho, a essência de seu pensamento, já amplamente conhecida.

Na visão de Kelsen, enfim, direito e moral se distinguem se o primeiro for concebido como uma ordem normativa que prescreve, organiza e aplica sanções como conseqüência do não-cumprimento da norma, e que prevê, em geral, formas de coerção para obter a conduta indicada. Para Kelsen, nisso se diferenciam direito e moral, visto que a segunda não institucionaliza nem estabelece qualquer punição, mas enseja, tão-somente, aprovação ou reprovação social. O direito, ao contrário, é dotado de coercibilidade organizada e institucionalizada, residindo precisamente nesse aspecto o critério kelseniano de distinção entre direito e moral.[48]

Não aceitando qualquer *a priori* como dado, ou qualquer valor moral como absoluto, Kelsen defendeu a impossibilidade de dizer aquilo que deve ser considerado bom ou mau, justo ou injusto em todos os contextos de época e lugar.[49] Renegou, por isso, a idéia de que uma norma jurídica deva corresponder à moral para valer como direito. Uma teoria relativista dos valores, conforme a denominou, postula *que não há valores absolutos mas apenas valores relativos, que não existe uma Justiça absoluta mas apenas uma Justiça relativa, que os valores que nós constituímos através dos nossos atos produtores de normas e colocamos na base dos nossos juízos de valor não podem apresentar-se com a pretensão de excluir a possibilidade de valores opostos.*[50] E daí haver afirmado que um sistema moral relativo não pode atuar como pa-

---

[47] Ibid.

[48] Ibid.

[49] Ibid., pp. 69 e ss.

[50] Ibid., p. 73. Veja-se, ainda, a seguinte passagem: *Se, do ponto de vista de um conhecimento científico, se rejeita o suposto de valores absolutos em geral e de um valor moral absoluto em particular – pois um valor absoluto apenas pode ser admitido com base numa crença religiosa na autoridade absoluta e transcendente de uma divindade – e se aceita, por isso, que desse ponto de vista não há uma Moral absoluta, isto é, que seja única e válida, excluindo a possibilidade da validade de qualquer outra; se se nega que o que é bom e justo de conformidade com uma ordem moral é bom e justo em todas as circunstâncias, e o que segundo esta ordem moral é mau é mau em todas as circunstâncias; se se concede que em diversas épocas, nos diferentes povos e até no mesmo povo dentro das diferentes categorias, classes e profissões valem sistemas morais muito diferentes e contraditórios entre si, que em diferentes circunstâncias pode ser diferente o que se toma por bom e mau, justo e injusto e nada há que tenha de ser considerado necessariamente bom ou mau, justo ou injusto em todas as possíveis circunstâncias, que apenas há valores morais relativos – então a afirmação de que as normas sociais devem ter um conteúdo moral, devem ser justas, para poderem ser consideradas como Direito, apenas pode significar que estas normas devem conter algo que seja comum a todos os sistemas de Moral, enquanto sistemas de Justiça. Em vista, porém, da grande diversidade daquilo que os homens efetivamente consideram como bom e mau, justo e injusto, em diferentes épocas e nos diferentes lugares, não se pode determinar qualquer elemento comum aos conteúdos das diferentes ordens morais* (ibid., p. 69).

drão absoluto de valoração do direito, por não poder excluir um outro tipo de valoração correspondente a um outro sistema moral.[51]

É por essa razão, finalmente, que insistiu a respeito da separação entre o direito e a moral, asseverando que a validade de uma ordem jurídica positiva independe de sua conformidade com uma suposta moral absoluta. Segundo Kelsen, a pretensão de que o direito deve ser justo pode apenas significar que ele deve corresponder a uma determinada moral, e isso não exclui *a possibilidade da pretensão que exija que o Direito positivo deve harmonizar-se com um outro sistema moral e com ele venha eventualmente a concordar de fato.*[52]

1.2.2. Hart, o legado da crítica utilitarista e a noção de moral crítica

Semelhante concepção sobre o direito, como realidade independente da moral, é dizer, independente de eventual adequação entre norma jurídica e norma moral, pode ser encontrada, também, em Hart. Para o autor, não obstante se possa afirmar que há uma conexão entre as duas ordens e, até mesmo, que o sistema jurídico deva coincidir, em algum modo, com a moral, disso não se extrai que a validade das normas jurídicas dependa, necessariamente, de tal coincidência.[53]

Hart se opõe às teorias jusnaturalistas, refutando a idéia de que existem princípios verdadeiros da conduta humana aguardando por serem descobertos, mediante a revelação de Deus ou o uso da razão, e que tais princípios devem conformar o direito positivo para que ele possa ser considerado válido. Trata-se, como afirma, de uma confusão entre o que se deve entender por leis da natureza e normas de comportamento humano, uma confusão verificada, por exemplo, em Montesquieu, quando dizia que apenas o homem, diferentemente do mundo físico e dos animais, descumpre as leis da natureza.[54]

---

[51] Ibid., p. 73.

[52] Ibid., p. 72.

[53] Observe-se como explana: *Assim, não pode seriamente discutir-se que o desenvolvimento do direito, em todos os tempos e lugares, tem de facto sido profundamente influenciado, quer pela moral convencional, quer por ideais de grupos sociais particulares, quer ainda por formas de crítica moral esclarecida sustentadas por indivíduos cujo horizonte moral transcendeu a moral correntemente aceite. Mas é possível tomar esta verdade de forma ilícita, como uma justificação para uma diferente proposição: a saber, que um sistema jurídico "deve" mostrar alguma conformidade específica com a moral ou justiça, ou "deve" repousar sobre uma convicção amplamente difundida de que há uma obrigação moral de lhe obedecer. De novo, embora esta proposição possa, em certo sentido, ser verdadeira, não se segue daí que os critérios de validade jurídica de leis concretas, usadas num sistema jurídico, devam incluir, de forma tácita, se não explícita, uma referência à moral ou justiça* (HART, H.L.A. *O Conceito de Direito.* Lisboa: Fundação Calouste Gulbenkian, 1994, p. 201).

[54] Ibid. Confira-se MONTESQUIEU, Charles-Luis de Secondat. *O Espírito das Leis.* São Paulo: Martins Fontes, 1993, pp. 11 e ss.

Hart lembra então Stuart Mill, aduzindo que já o autor esclarecia que as leis da natureza são descritivas, ou seja, formuladas a partir da observação dos fatos e, por isso, deixam de existir ou são reformuladas se as coisas não mais se comportam de acordo com elas, enquanto as leis ou normas de comportamento são prescritivas, correspondendo às exigências impostas aos homens e não deixando de existir se eles as transgridem.[55]

Para Hart, tal equívoco advém da concepção, inaugurada pelos clássicos, de que a natureza se encontra voltada e dirigida para um fim ótimo, em outras palavras, para o bem apropriado a cada coisa. É a concepção teleológica, segundo a qual a natureza contém em si níveis de perfeição que as coisas realizam. De acordo com essa concepção, as etapas por que passam as coisas, em direção a seu fim, constituem regularidades, que podem ser formuladas como generalizações. Mas essas generalizações não são compreendidas enquanto leis descritivas, como as que obtém a ciência a partir da observação. A diferença está em que, *do ponto de vista teleológico, os eventos que ocorrem regularmente quanto às coisas não são concebidos "apenas" como ocorrendo regularmente, e as questões sobre se "efectivamente" ocorrem regularmente e sobre se "deviam" ocorrer ou sobre se é "bom" que ocorram, não são encaradas como questões separadas.*[56] Significa, tudo isso, que, na perspectiva teleológica, há uma sobreposição entre os planos do *ser* e do *dever ser*.

Buscando diferenciar esses dois planos, Hart se reporta aos trabalhos de Bentham e Austin, críticos ferozes das teorias do direito natural, além de defensores da necessidade de distinguir o direito que *é* do direito que *deve ser*.[57] Para Bentham, a idéia de que uma norma perde o seu caráter jurídico quando se opõe à lei de Deus ou da razão contribui para obscurecer a distinção existente entre o *ser* e o *dever ser*, que passam, então, a ser vistos como uma unidade indivisível, disso derivando alguns perigos. Conforme explica Hart, os perigos que Bentham tinha em mente eram os seguintes: o anarquista, entendendo que a lei que não *deve ser* não *é*, ficaria livre para desobedecê-la; o reacionário, considerando que a lei que *é* também é a lei que *deve ser*, se desobrigaria de criticá-la.[58]

O pensamento utilitarista, inaugurado por Bentham, exerceu forte influência no ordenamento jurídico inglês, havendo sido res-

---

[55] HART, H.L.A. *O Conceito...*, p. 203. Veja-se MILL, John Stuart. *Three Essays on Religion: Nature, the Utility of Religion, Theism*. New York: Prometheus, 1998, pp. 4 e ss.

[56] HART, H.L.A. *O Conceito...*, p. 205.

[57] Id. *Contributi all'Analise del Diritto*. Milano: Giuffrè, 1964, pp. 108 e ss.

[58] Ibid., p. 113. Consulte-se BENTHAM, Jeremy. *Fragmento sobre el Gobierno*. Madrid: Aguillar, 1973, pp. 111-2 e 130.

ponsável por grande parte dos impulsos reformadores naquele sistema.[59] Assim, também, a corrente positivista, em geral, desfrutou de acolhimento e prestígio, até que, sofridos os males da II Grande Guerra, se passasse a repudiar tudo que se ligasse ao positivismo.[60]

Analisando o caso específico das atrocidades praticadas na Alemanha nazista, Hart sustenta que mesmo as leis iníquas do III Reich eram, em seu contexto, normas jurídicas. Defende, por isso, que uma resposta adequada quanto aos atos praticados com base nessas leis, em sintonia com a consciência moral do pós-guerra, poderia ter sido dada pelos tribunais alemães mediante a aplicação de uma lei retroativa, e não pela simples adoção de argumentos jusnaturalistas. Haveria de se considerar – prossegue o autor – que o afastamento do princípio *nulla poena sine lege* representava, naquela situação, o mal menor, com as vantagens da franqueza e da honestidade.[61]

É bem de ver, contudo, após algumas linhas sobre Hart, que este diverge, em pontos importantes, de Kelsen. Hart se mostra menos enfático e insistente a respeito da idéia da separação entre o direito e a moral, não deixando de observar, por diversas vezes, a proximidade que entre as duas ordens existe. Salienta que ambas compartilham um mesmo vocabulário, formado por termos como *obrigações, deveres* e *direitos*, apresentando-se a noção de *justiça* como um elo que as une.[62] Menciona, também, a influência exercida pela moral sobre o direito, citando algumas formas como isso acontece, *v.g.*, a incorporação de parte da moral pela legislação e a utilização de princípios morais nas decisões dos tribunais.[63] Hart reserva posição de destaque, em sua teoria, ao exame da textura aberta do direito (*the open*

---

[59] Acompanhe-se a retrospectiva de Hart, em compilação e tradução italianas: *Alla fine del decimottavo secolo ed all'inizio del decimonono, i più seri pensatori di problemi giuridici e sociali ed i propugnatori delle maggiori riforme, che vi fossero in Inghilterra, erano i grandi Utilitaristi* (HART, H.L.A. *Contributi...*, p. 108).

[60] Como diz Hart, a expressão positivismo jurídico *ha finito con l'assumere il significato di una sconcertante molteplicità di peccati dello spirito* (ibid., p. 109).

[61] Ibid., pp. 147 e ss. Veja-se como expõe o argumento da honestidade, analisando o caso de uma mulher que havia entregado o marido às autoridades nazistas: *Infatti, per quanto odiosa possa esser considerata una legge penale con effetti retroattivi, l'averla apertamente invocata avrebbe avuto in questo caso il merito della franchezza. Così si sarebbe presentato con tutta chiarezza il dilemma, di dover scegliere tra due mali; o lasciare impunita la donna per il crimine commesso, o punirla sia pure a costo di sacrificare un preziosissimo principio di ordine morale, che sta a fondamento della maggior parte dei sistemi giuridici. Ma se c'è qualcosa che noi abbiamo apreso dall'intera storia dell'etica, questa è, che quando si presenta un dubbio morale, bisogna affrontarlo e non soffocarlo. Quelle spinose situazioni, in cui la vita ci impone di dover scegliere tra due mali, sono situazioni che devono essere affrontate con la precisa coscienza di quello che sono* (ibid., p. 150).

[62] Id. *O Conceito...*, p. 12. Conforme o autor, *existe uma idéia, a de justiça, que parece unir ambos os campos: é simultaneamente uma virtude especialmente apropriada ao direito e a mais jurídica das virtudes* (ibid.).

[63] Ibid., p. 220.

texture of law),[64] admitindo que ocorre, no âmbito de abertura do sistema, a interferência de elementos morais.[65] Aqui, porém, se aproxima de Kelsen, que igualmente aborda as indeterminações do direito, cumprindo notar que, para ambos os autores, desempenha o magistrado verdadeira atividade criadora no âmbito de abertura do sistema.[66]

Avançando, um pouco mais, na análise das divergências existentes entre Kelsen e Hart, lembramos ainda que o primeiro acolhia a tese do relativismo ético, acreditando na impossibilidade de afirmar, do ponto de vista da ciência, a superioridade de qualquer valor.[67] Essa idéia, aliás, permeia todo o seu trabalho, voltado ao estudo do direito com o emprego de um método descritivo e neutro, livre de juízos de valor. Já o mesmo não se pode dizer, com certeza, a respeito de Hart. De fato, ele não comunga da preocupação metodológica de Kelsen, não considerando necessário banir todo e qualquer juízo de valor de sua teoria, que pretende, é verdade, seja fundamentalmente descritiva, mas na qual também há lugar para a crítica. Além disso, Hart apresenta, na obra *O Conceito de Direito*, uma idéia que intitula *o conteúdo mínimo do direito natural*, uma construção destituída de qualquer elemento metafísico, por meio da qual inegavelmente atribui um conteúdo mínimo ao direito.[68] Pode-se, até mesmo,

---

[64] Id. *The Concept of Law*. New York: Oxford University, 1997, p. 124.

[65] Id. *O Conceito...*, pp. 137 e ss.

[66] Kelsen, ao examinar o problema das indeterminações (voluntárias e involuntárias) do direito, formula: *Se por "interpretação" se entende a fixação por via cognoscitiva do sentido do objeto a interpretar, o resultado de uma interpretação jurídica somente pode ser a fixação da moldura que representa o Direito a interpretar e, conseqüentemente, o conhecimento das várias possibilidades que dentro desta moldura existem. Sendo assim, a interpretação de uma lei não deve necessariamente conduzir a uma única solução como sendo a única correta, mas possivelmente a várias soluções que – na medida em que apenas sejam aferidas pela lei a aplicar – têm igual valor, se bem que apenas uma delas se torne Direito positivo no ato do órgão aplicador do Direito – no ato do tribunal, especialmente* (KELSEN, Hans. *Teoria Pura...*, p. 366). E, noutro ponto: *A questão de saber qual é, entre as possibilidades que se apresentam nos quadros do Direito a aplicar, a "correta", não é sequer – segundo o próprio pressuposto de que se parte – uma questão de conhecimento dirigido ao Direito positivo, não é um problema de teoria do Direito, mas um problema de política do Direito* (ibid., p. 368). Hart, por igual, observa: *Seja qual for o processo escolhido, precedente ou legislação, para a comunicação de padrões de comportamento, estes, não obstante a facilidade com que actuam sobre a grande massa de casos correntes, revelar-se-ão como indeterminados em certo ponto em que a sua aplicação esteja em questão: possuirão aquilo que foi designado como "textura aberta"* (HART, H.L.A. *O Conceito...*, p. 141). Assim, nos fala em escolha, em discricionariedade (*discretion*) da pessoa que aplica o direito nesse âmbito de abertura: *o poder discricionário que assim lhe é deixado pela linguagem pode ser muito amplo; de tal forma que, se ela aplicar a regra, a conclusão constitui na verdade uma escolha* (ibid., p. 140).

[67] KELSEN, Hans. *Teoria Pura...*, pp. 69 e 73. Reveja-se a nota nº 50.

[68] HART, H.L.A. *O Conceito...*, pp. 209 e ss. Note-se, por oportuno, como se manifesta a respeito das teorias jurídicas formais, após discorrer sobre o conteúdo mínimo do direito natural: *Os truísmos simples que discutimos não revelam apenas o núcleo de bom senso na doutrina do Direito Natural. São de importância vital para a compreensão do direito e da moral e explicam por que razão a definição das formas fundamentais destes em puros termos formais, sem referência a nenhum conteúdo específico ou a necessidades sociais, se tem mostrado tão inadequada* (ibid., p. 215).

discordar do modo como ele chega a esse conteúdo mínimo e, bem assim, do próprio conteúdo mínimo que obtém; uma tal discussão, que não poderá ser objeto de análise aqui, não nos impede de concluir, todavia, que Hart supera o relativismo kelseniano.

Isso lhe permite desenvolver, na esteira da crítica utilitarista, um exame sobre o problema da moralização coercitiva, ou seja, da imposição, por meio do direito, de uma moral social restritiva e intolerante. Na obra *Direito, Liberdade e Moralidade*,[69] se refere a casos em que leis ou decisões judiciais vieram à luz para punir ou proibir condutas consideradas contrárias ao que se entendia por moral e bons costumes, como prostituição e homossexualismo. Era o direito atuando enquanto garantidor de determinada moral, contra o que se reputava fossem desvios prejudiciais à conservação da sociedade.

Em face disso, Hart nos propõe a seguinte indagação: *o fato de que determinada conduta seja considerada imoral, de acordo com os padrões comuns, é suficiente para justificar sua punição pela lei?*[70] Na seqüência, apresenta-nos o argumento, encontrado em Stuart Mill, de que o único motivo pelo qual o poder deve ser exercido sobre qualquer membro de uma comunidade civilizada contra a sua vontade é a necessidade de impedir que ele cause mal aos outros.[71]

Admitindo que tal argumento não resolve todas as questões relativas à justificação da coerção, Hart o emprega, no caso, considerando que se ajusta aos ideais da tolerância e da liberdade. Assevera que o reconhecimento da liberdade individual como um valor implica que ao indivíduo seja permitido viver como desejar, ainda que isso desagrade outras pessoas, conquanto não haja, é claro, outra razão para proibi-lo que não a simples repulsa alheia. É dizer, em outras palavras, que um sistema jurídico que reconheça a liberdade individual não pode, ao mesmo tempo, conferir às pessoas o direito de não serem desagradadas pelo que os outros fazem de suas vidas.[72]

Nosso autor sugere, desde logo, se diferencie a moral positiva, convencional, dos princípios morais gerais ou princípios morais críticos, *i.e.*, da moral crítica. Trata-se, no primeiro caso, das normas morais compartilhadas por um dado grupo; no segundo, dos princípios utilizados na crítica das instituições sociais – uma distinção fundamental, consoante observa, porque a própria crítica sobre a imposição de uma moral convencional pelo direito caracteriza, tam-

---

[69] Id. *Direito, Liberdade e Moralidade*. Porto Alegre: Fabris, 1987.

[70] Ibid. p. 33.

[71] Ibid. Trata-se do argumento da lesão, de Stuart Mill. Consulte-se, para tanto, MILL, John Stuart. *On Liberty*. In: ALEXANDER, Edward (org.). Ontario: Broadview, 1999, pp. 51-2.

[72] HART, H.L.A. *Direito, Liberdade...*, pp. 34 e 69.

O Princípio da Moralidade Administrativa

bém ela, uma apreciação moral (... *our question is one of critical morality about the legal enforcement of positive morality*).[73]

Prosseguindo nessa crítica, Hart defende a necessidade de fundamentar todo tipo de coerção legal, lembrando que, em qualquer sociedade, o uso da coerção reclama justificação. O uso da força, da violência estatal, exsurge como algo desagradável e, por isso, requer alguma coisa boa como recompensa.[74] Encontrando argumentos, novamente, em Stuart Mill, afirma que estão à disposição da sociedade outros meios para a conservação da coesão moral, como a educação, a orientação, a argumentação e o debate, de modo que repudiar a coerção não significa optar pela indiferença.[75]

Diz ainda que a moral positiva sustentada pela maioria não está, simplesmente em razão de seu caráter prevalecente, imune a críticas. Ressaltando que o melhor dos sistemas é o democrático, afirma que há certas coisas que mesmo um governo democrático não pode fazer, ou, dito de outro modo, há coisas que um governo não pode fazer mesmo quando autorizado pela maioria.[76] Não avança nesse ponto, mas deixa claro que a moralização coercitiva, como atrás examinada, e o cerceamento da liberdade que dela decorre se lhe afiguram inadequados. Por tudo isso, se diz que o conceito de direito oferecido por Hart, embora geral e descritivo, não desconsidera nem renega a crítica, como já o autor deixa ver no prefácio de sua obra *O Conceito de Direito*.[77]

Fruto do abandono do pensamento metafísico que alicerçou o jusnaturalismo, tal conceito apreende seu objeto como fato social, identificado pela *regra de reconhecimento*, sendo esta o critério último utilizado pelos juízes, pelos agentes públicos e pelos particulares na identificação das normas jurídicas, mediante o emprego de um con-

---

[73] Id. *Law, Liberty and Morality*. Stanford: Stanford University, 1998, p. 20.

[74] Id. *Direito, Liberdade...*, pp. 46-7.

[75] Ibid., p. 93.

[76] Ibid., p. 96.

[77] *O jurista considerará o livro como um ensaio sobre teoria jurídica analítica, porque diz respeito à clarificação do quadro geral do pensamento jurídico, em vez de respeitar à crítica do direito ou à política legislativa* (id. *O Conceito...*, p. 1). Mais tarde, em pós-escrito à obra, acentua: *O meu objetivo neste livro foi o de fornecer uma teoria sobre o que é o direito, que seja, ao mesmo tempo, geral e descritiva. Geral, no sentido de que não está ligada a nenhum sistema ou cultura jurídica concretos, mas procura dar um relato explicativo e clarificativo do direito como instituição social e política complexa (...). O meu relato é descritivo, na medida em que é moralmente neutro e não tem propósitos de justificação; não procura justificar ou recomendar, por razões morais ou outras, as formas e estruturas que surgem na minha exposição geral do direito, embora uma compreensão clara destas constitua, penso eu, um ponto preliminar importante, relativamente a qualquer crítica moral do direito que seja útil* (ibid., pp. 300-1).

junto de critérios, que podem variar.[78] É um conceito que não inclui, como necessária, a vinculação do direito à moral, mas tampouco a exclui. Fica afastada, tão-somente, a necessidade (ou a necessariedade) dessa vinculação. Em primeiro lugar, porque não há uma necessidade incondicionada, absoluta, como se o único conceito, o verdadeiro e correto conceito de direito – aqui, pois, o absoluto – estabelecesse uma vinculação entre o direito e a moral. Em segundo, porque não há sequer uma necessidade relativa, analítico-descritiva, já que empregamos a palavra *direito*, na acepção de ordenamento jurídico, para designar o conjunto de normas impostas e assim reconhecidas nas diferentes sociedades, estejam essas normas em conformidade com a moral ou não. Aliás, Hart não aceita trabalhar noutro plano conceitual que não o analítico-descritivo, pois o direito, como entidade abstrata, que não pode ser vista, tocada ou isolada, há de ser descrita a partir de nossos quadros conceituais e lingüísticos. Adequada, enfim, a tese da separação entre o direito e a moral a esse quadro ou mundo conceitual, visto como empregamos a palavra *direito* para referir as normas impostas e assim reconhecidas nas diferentes sociedades, estando ou não em conformidade com a moral.

Ocorre-nos, finalmente, que um conceito geral como o de Hart não impede a formação de conceitos específicos, próprios para determinados contextos de época e lugar, como seria, por exemplo, a época moderna no mundo ocidental, aí se notando, quem sabe, uma vinculação conceitual. Vejamos, no próximo capítulo, então, como se sai a tese da vinculação no contexto do moderno mundo ocidental.

---

[78] Ibid., pp. 111 e ss. Ainda, em pós-escrito, esclarece: *a regra de reconhecimento pode incorporar, como critérios de validade jurídica, a conformidade com princípios morais ou com valores substantivos; por isso, a minha doutrina é aquilo que tem sido designado como "positivismo moderado"* (ibid., p. 312.).

2. A tese da vinculação entre o direito e a moral no contexto do moderno mundo ocidental

Ao positivismo jurídico se atribui, como vimos, o ter aproximado a filosofia e a teoria do direito ao modo de pensar do homem moderno – ao modo de pensar científico-racional –, notadamente por haver afastado os elementos metafísicos presentes, desde a época antiga, no conhecimento jurídico.[79] Mas, por ter incorrido em excessos, o positivismo jurídico[80] há muito sofre reações, que se vieram tornar bastante influentes após a II Grande Guerra, ocasionando o ressurgimento do direito natural.

Com efeito, as atrocidades perpetradas pelo regime nazista levaram à recuperação do jusnaturalismo, em particular nos tribunais alemães, ante a necessidade de fundamentar a não-aplicação de normas do III Reich.[81] Igualmente no âmbito da doutrina se revigorou a tese do direito natural, difundindo-se a opinião de que o positivismo houvera deixado o homem desprotegido contra as grandes injustiças.[82] Em verdade, o conhecimento jurídico, como um todo, se encontrava despreparado para o que ocorreu, não oferecendo alternativas suficientemente elaboradas que pudessem evitar o retorno ao jusnaturalismo, e, logo, a solução encontrada foi mesmo o resgate do direito natural.

Já não era possível, contudo, retroceder daquela forma, não surpreendendo que, mesmo após o trauma alemão, voltasse a ganhar força o positivismo, com obras como a de Hart, *O Conceito de Direito*,

---

[79] Sobre o emprego do adjetivo *metafísico*, reveja-se a nota nº 12.

[80] Lembre-se que a referência genérica ao *positivismo jurídico* serve apenas a finalidades explicativas, didáticas, pois o que há é uma diversidade de teses conhecidas como positivistas, algumas mais e outras menos extremadas. Para uma noção dessas teses, reveja-se o elenco de "a" a "e" no início do primeiro capítulo.

[81] Cfe. HÖFFE, Otfried. *Justiça Política*. São Paulo: Martins Fontes, 2001, p. 74.

[82] Essa, por exemplo, a opinião de RADBRUCH, Gustav. *Filosofia do Direito*. Coimbra: Armenio Amado, 1997, pp. 415 e ss.

publicada em 1961, e a de Kelsen, *Teoria Pura do Direito*, republicada em 1960, acaso porque o homem, uma vez esclarecido, não se deixa iludir tão facilmente. A ele se mostram inverossímeis as justificações filosóficas alicerçadas em noções como o absoluto e o divino, defensáveis apenas num ambiente de fé e religião. Nos planos científico e filosófico, são requeridas evidências, demonstrações, argumentações convincentes, e o que se não puder verificar desse modo subsistirá somente no terreno da crença. Ora, o direito natural, entendido como uma entidade absoluta e objetiva, superior ao direito positivo, cai nesse domínio.[83]

Parece, assim, que o retorno a um ponto de vista ético, na teoria do direito, não pode ser senão por uma terceira vertente, pós-metafísica, que, sem recuar à fundamentação e à linguagem jusnaturalista, logre superar o positivismo, ao menos em suas versões extremadas. A perspectiva, então, deve ser interna, e o conceito de direito, historicamente situado, porquanto o conceito geral de direito, válido para os diferentes contextos de época e lugar, não inclui, como uma necessidade, a vinculação do direito à moral, conforme nos ensina Hart. Por isso, exatamente, é que limitamos o estudo da tese da vinculação, objeto deste segundo capítulo, ao contexto do moderno mundo ocidental, é dizer, ao contexto da nossa tradição ilustrada.[84]

Em nosso caminho irrompe, no entanto, e logo de início, o problema da fundamentação da moral – que é, também, o problema da fundamentação do direito –, achando-se a tese da vinculação subordinada à possibilidade de fundamentar racionalmente a moral, enquanto a não-aceitação dessa possibilidade leva a teorias jurídicas formais, como a de Kelsen, na qual figura de modo extremado a tese

---

[83] Retenha-se, porém, que alguns autores conservam a expressão *direito natural* para indicar, simplesmente, padrões de justiça indisponíveis. Veja-se, por exemplo, MACHADO, João Baptista. *Introdução ao Direito e ao Discurso Legitimador*. Coimbra: Almedina, 2000, pp. 296 e ss.

[84] Tal abordagem se inspira, de certa forma, na distinção de Hart entre as perspectivas externa e interna (*O Conceito de Direito*. Lisboa: Fundação Calouste Gulbenkian, 1994, pp. 98 e ss.), como também na de Alexy entre as perspectivas do observador e do participante (*El Concepto y la Validez del Derecho*. Barcelona: Gedisa, 1997, pp. 26 e ss.). Este último afirma que só à perspectiva do observador se revela adequada a tese da separação entre o direito e a moral, enquanto à perspectiva do participante se ajusta a tese da vinculação, sustentada pelos argumentos da correção, da injustiça e dos princípios (ibid., pp. 41 e ss.). Percebemos, todavia, diante dessa construção, que inserir a tese da vinculação no conceito geral de direito posto sob o enfoque do participante, como faz Alexy, leva apenas à caracterização de uma *vinculação fraca* entre o direito e a moral, nos próprios termos do autor, uma vinculação resultante da *pretensão de correção*, que, segundo Alexy, inere ao direito, mas que, como pensamos, somente traduz uma vinculação entre o direito de determinada sociedade e *alguma moral*, vinculação, enfim, que não necessariamente eleva a moral, em todos os ordenamentos, à condição de critério de validade do direito. Para compreender essas reflexões, é necessário diferenciar moral crítica e moral convencional, como faremos adiante.

da separação. Em outras palavras, admitir a tese da vinculação entre o direito e a moral, com o consectário extremo da não-aplicação de uma norma jurídica, em determinados casos, por exigências morais, pressupõe que tais exigências sejam fundamentáveis, para que não consubstanciem meras escolhas resultantes dos mecanismos de poder e para que a racionalidade do direito não se veja desfigurada.

2.1. O PROBLEMA DA FUNDAMENTAÇÃO DA MORAL

O processo de emancipação do homem moderno exprime, como quisemos demonstrar, libertação e amadurecimento. Representa, por outro lado, desencantamento. É o homem moderno esclarecido mas desencantado: a perda dà crença em Deus lhe tira a base moral.[85] Não foi por outro motivo que Kant, buscando conservar o absoluto, desenvolveu a noção de uma ordem racional pura, da qual o homem extrairia os fundamentos do seu dever. Verificamos, porém, que seu esforço resultou inexitoso e que semelhante justificação metafísica era, como diz Tugendhat, uma fundamentação pseudo-religiosa.[86] Encontramo-nos, assim, em uma realidade *determinada pelo fato de que ou caímos em um relativismo das convicções morais, e isto significa (...) que deveríamos abandonar a moral em sentido habitual, caso não quiséssemos nos iludir, ou então devemos procurar por uma compreensão não-transcendental da fundamentação de juízos morais.*[87]

Diante desse quadro, o pensamento filosófico se bifurca, hoje, em duas grandes linhas. De uma parte, estão aqueles que não aceitam como possível o conhecimento científico e a justificação racional da moral, formando a corrente *não-cognoscitivista*, que tem como expoentes Stevenson, do emotivismo, e, na filosofia do direito, Kelsen e Ross.[88] Esse posicionamento é conhecido também como *ceticis-*

---

[85] *The disenchanted world, then, may be characterized as a world without God, bus its more general nature is that it is a world in which moral judgements lack the authority provided by an unquestionable framework. The existential condition of agents in such a world is likely to consist in a lack of moral and spiritual "anchorage", while the philosophical condition will be one in which it is difficult to justify moral beliefs and coercive political arrangements* (MENDUS, Susan. Pluralism and Scepticism in a Disenchanted World. In: BAGHRAMIAN, Maria; INGRAM, Attracta. (Org.). *Pluralism: The Philosophy and Politics of Diversity.* London/New York: Routledge, 2000, p. 105).

[86] TUGENDHAT, Ernst. *Lições sobre Ética.* Petrópolis: Vozes, 2000, p. 16. Reveja-se a nota nº 30.

[87] Ibid., p. 24.

[88] STEVENSON, C.L. The Emotive Meaning of Ethical Terms. In: CAHN, Steven M.; MARKIE, Peter. *Ethics: History, Theory and Contemporary Issues.* New York: Oxford University, 1998. O emotivismo consiste no entendimento segundo o qual os juízos de valor expressam interesses, preferências e sentimentos de aprovação. Confira-se, aqui, um trecho do texto citado: *Thus ethical terms are "instruments" used in the complicated interplay and readjustment of human interests. This can be seen plainly from more general observations. People from widely separated communities*

mo ético ou, mais comumente, *relativismo*, embora nem sempre tais expressões apareçam como sinônimas.[89] De outra parte, figuram aqueles que entendem viável o conhecimento e a justificação racional da moral, mesmo admitindo que a razão encontra limites nessa seara. É a posição *cognoscitivista*, na qual identificamos um considerável número de vertentes, produzindo soluções ao nível da metaética. Dentre os autores que oferecem contribuições importantes nesse campo, cumpre citar Jürgen Habermas e Robert Alexy, pela relevância que assumem no presente trabalho.[90]

Nosso estudo, voltado ao tema da moralidade administrativa, não oferece espaço a um exame das tantas teorias contemporâneas que elaboram algum tipo de fundamentação para a moral. Em vista disso, prosseguimos, desde já alinhados à corrente filosófica do cognoscitivismo ético, empregando algumas idéias de Habermas e Alexy que nos parecem sobremodo convincentes, sem que tal signifique acolher, integralmente, uma ou outra teoria. Reputamos – vale explicitar – que a discussão sobre a razão prática, em bases pós-metafísicas, se acha ainda em seu início, sendo os estudos nesse sentido bastante recentes, aparecendo só em meados do século XX, após um

---

have different moral attitudes. Why? To a great extent because they have been subject to different social influences. Now clearly this influence doesn't operate through sticks and stones alone; words play a great part. People praise one another, to encourage certain inclinations, and blame one another, to discourage others. Those of forceful personalities issue commands which weaker people, for complicated instinctive reasons, find it difficult to disobey, quite apart from fears of consequences. Further influence is brought to bear by writers and orators. Thus social influence is exerted, to an enormous extent, by means that have nothing to do with physical force or material reward. The ethical terms facilitate such influence. Being suited for use in "suggestion", they are a means by which men's attitudes may be led this way or that. The reason, then, that we find a greater similarity in the moral attitudes of one community than in those of different communities is largely this: ethical judgements propagate themselves. One man says "This is good"; this may influence the approval of another person, and so on. In the end, by a process of mutual influence, people take up more or less the same attitudes. Between people of widely separated communities, of course, the influence is less strong; hence different communities have different attitudes (ibid., p. 500). Veja-se, ainda, KELSEN, Hans. *Teoria Pura do Direito*. São Paulo: Martins Fontes, 1991; e ROSS, Alf. *Direito e Justiça*. Bauru: EDIPRO, 2000.

[89] Em Michael Perry, por exemplo, o relativismo convive com o cognoscitivismo, sendo o ceticismo rejeitado. Confira-se: *Moral cognitivism does not exclude moral relativism. Moral relativism affirms that there can be moral knowledge; it insists, however, that such knowledge is "relative". Moral relativism, unlike moral skepticism, is a position worth taking seriously* (PERRY, Michael J. *Morality, Politics, and Law*. New York: Oxford University, 1990, pp. 10-1).

[90] ALEXY, Robert. *Teoría de la Argumentación Jurídica: La Teoría del Discurso Racional como Teoría de la Fundamentación*. Madrid: Centro de Estudios Constitucionales, 1989; e *El Concepto y la Validez del Derecho*. Barcelona: Gedisa, 1997. HABERMAS, Jürgen. *Consciência Moral e Agir Comunicativo*. Rio de Janeiro: Tempo Brasileiro, 1989; e *Escritos sobre Moralidad y Eticidad*. Barcelona: Paidós, 1991, entre outras tantas obras. Diferentes autores, ainda, poderiam ser citados, como John Rawls, pela magnitude de seu trabalho. Não é este, contudo, o aporte aqui seguido. Optamos, como se verá, pela linha procedimentalista de Habermas, em razão de sua índole dialógica, preferível, em conseqüência, à vertente monológica de Rawls. Consulte-se RAWLS. John. *Uma Teoria da Justiça*. São Paulo: Martins Fontes, 2000; e *Liberalismo Político*. México: Fondo de Cultura Económica, 1996.

século ou mais de predomínio do relativismo. São, como se vê, apenas algumas décadas – extremamente prolíficas, é verdade –, o que representa pouco à vista dos tantos séculos da história do pensamento filosófico. Consideramos, ademais, que o problema da fundamentação da moral, abandonada a solução simples do recurso à instância divina, não se apresenta como de fácil resolução. Não nos sendo lícito afirmar a existência de normas morais objetivas, absolutas e superiores àquelas que produzimos, quanto mais não seja pela total incapacidade de conhecê-las enquanto tais, resta-nos, à primeira vista, o caminho da racionalidade procedimental[91] como forma de chegar às normas que nos parecem as mais corretas, obtendo com isso, talvez, um conteúdo moral mínimo inegociável.[92] Seria, pois, algo como um conteúdo moral mínimo aparentemente objetivo, assim visto a partir da realidade intersubjetiva.[93]

Tal posição afasta, como buscaremos evidenciar, o relativismo ético, mostrando-se igualmente adequada ao pluralismo, a ser por nós contemplado uma vez que a secularização do pensamento moderno inviabiliza pretensões éticas absolutizantes. Significa, em outras palavras, que o trabalho de reproposição da moral tem de se colocar numa posição capaz de ver a pluralidade ética e cultural pelas lentes do respeito e da tolerância.

Falar em pluralismo – sabemos – é falar num tema controvertido, que também não poderá ser examinado neste trabalho, ao menos na profundidade que merece. É tema, de fato, rico e complexo, que apresenta inúmeras facetas e se acha demarcado por diferentes pontos de vista. Não nos será dado, porém, deixar de constatar que a pluralidade moral enseja algumas dificuldades quando se busca definir o sentido e o alcance de uma norma jurídica que prescreve moralidade, sobre a qual nos queremos mais à frente debruçar.

Somos impelidos, então, a refletir com Hannah Arendt, para quem a *pluralidade* humana tem o caráter duplo da *igualdade* e da *diferença*: se os homens não fossem iguais, não se poderiam entender entre si, não poderiam entender aqueles que na história os antece-

---

[91] Cfe. HABERMAS, Jürgen. *Consciência Moral...*, pp. 78 e ss.; e ALEXY, Robert. *Teoría de la Argumentación...*, pp. 34-9 e 184-202.

[92] Cfe. ROBLES, Gregorio. *Los Derechos Fudamentales y la Ética en la Sociedad Actual*. Madrid: Civitas, 1992; pp. 151 e ss.

[93] Habermas, examinando as diferentes manifestações de racionalidade, *i.e.*, os diferentes tipos de ações que podem ser consideradas racionais, observa que tal qualidade advém do fato de que todas essas ações podem ser fundamentadas. Todas elas se apóiam em razões que aceitam submeter-se à crítica, mas que, sobretudo, podem ser defendidas sob o pano de fundo de um mundo da vida, ensejando, com isso, a obtenção, a manutenção e a renovação de um consenso que se alicerça no reconhecimento intersubjetivo de pretensões de validade (HABERMAS, Jürgen. *Teoría de la Acción Comunicativa*. Madrid: Taurus, 1999, pp. 36 e ss.).

deram, nem, tampouco, poderiam planejar o futuro e prever as necessidades dos que virão; em contrapartida, se não fossem diferentes, os homens não necessitariam da fala nem da ação para se fazer entender (... *signs and sounds to communicate immediate, identical needs and wants would be enough*).[94] Com Fábio Konder Comparato, noutro ângulo, observamos que o *caráter único e imutável de cada ser humano, portador de um valor próprio, veio demonstrar que a dignidade da pessoa existe singularmente em todo indivíduo*,[95] verificando-se, ao mesmo tempo, um processo de convergência, um movimento unificador, *impulsionado, de um lado, pelas invenções técnico-científicas e, de outro, pela afirmação dos direitos humanos*.[96] Assim, não obstante o aspecto da diferença existente em cada indivíduo e em cada povo, recolhe-se, hoje, da afirmação dos direitos humanos, a idéia de um conteúdo moral mínimo, que supera a posição do relativismo.

Combinados esses enfoques, exsurge o pluralismo como alternativa ao relativismo, não se tratando, em conseqüência, de um pluralismo forte, extremado ou absoluto, que se pode mesmo confundir com o relativismo.[97] Sob a ótica aqui adotada, pluralismo significa diferença e aceitação da diferença, diversidade e tolerância pela diversidade.[98] Implica um juízo, uma apreciação crítica que consiste

---

[94] ARENDT, Hannah. *The Human Condition*. Chicago/London: University of Chicago, 1998, pp. 175-6. Mais adiante, explica: *The fact that man is capable of action means that the unexpected can be expected from him, that he is able to perform what is infinitely improbable. And this again is possible only because each man is unique, so that with each birth something uniquely new comes into the world* (ibid., p. 178).

[95] COMPARATO, Fábio Konder. *A Afirmação Histórica dos Direitos Humanos*. São Paulo: Saraiva, 1999, p. 29.

[96] Ibid., p. 31.

[97] Segundo formula Höffe, *no tiene sentido un pluralismo absoluto; lo único que es viable y deseable es un pluralismo relativo, que se desenvuelva dentro de afinidades básicas* (HÖFFE, Otfried. *Estudios sobre Teoría del Derecho y la Justicia*. México: Biblioteca de Ética, Filosofía del Derecho y Política, 1997, pp. 141-2). Uma das críticas que se faz ao pluralismo, como mostra o autor, reside, precisamente, em afirmar que ele se confunde com o relativismo, sendo necessário, portanto, afastar essa suspeita (ibid., pp. 137 e 142). O autor admite, todavia, que, ao trabalhar com o pluralismo, corre-se o risco de enfatizar diferenças em detrimento de afinidades: *Así, el pluralismo, no obstante toda su deseabilidad personal y pública, resulta ser un concepto unilateral, adialéctico, que enfatiza la variedad frente a la unidad, la competencia frente a la cooperación y también la ahistoricidad frente a la historia común; es una categoría crítica de mediación con una limitada función de explicación y legitimación que, en modo alguno, debe ser absolutizada y, sobre todo, no puede perder de vista su sentido, es decir, el estar al servicio de la libertad y la justicia* (ibid., p. 140).

[98] Sobre o conceito de pluralismo, leciona Höffe: *En la actualidad, el concepto es entendido primordialmente en un sentido social e político, en donde confluyen elementos empíricos y normativos. Desde el punto de vista empírico, el pluralismo designa una variedad de confesiones y religiones (pluralismo religioso), de valores (pluralismo valorativo), grupos sociales (pluralismo social) y fuerzas políticas significativas (pluralismo político) (...). En segundo lugar, el pluralismo afirma – y aquí reside su contenido normativo – que reconoce y aprueba la variedad y la diferenciación; no obstante toda su diferenciación funcional, los grupos tienen los mismos derechos para desarrollarse libremente* (ibid., p. 136).

em afirmar a legitimidade dos diferentes sistemas de cultura e moral que não atentem contra os princípios humanos mais gerais. Representa um posicionamento ético, em que a tolerância figura como valor. O pluralismo, desse modo, se diferencia do relativismo, com ele dividindo tão-somente a negação do absoluto, do divino e do eterno. A discrepância resulta do fato de que, para o relativismo, tal negação leva à impossibilidade de fundamentar racionalmente qualquer valor; tudo o que resta são imposições, interesses, preferências, enfim, meras irracionalidades. O pluralismo, ao contrário, pressupõe a viabilidade de um juízo ético racional.

Pluralismo e relativismo derivam da constatação de que o mundo pode ser percebido, compreendido e valorado de maneiras muito diferentes e até mesmo conflitantes entre si, todas elas merecendo respeito desde que não mais se admite a noção de uma verdade única e absoluta. É notável, aliás, que isso possa encontrar raízes justamente em Kant, conforme observa Maria Baghramian, por haver ele distinguido o conteúdo de nossas experiências, de um lado, e os esquemas conceituais utilizados para organizar essas experiências de outro. Acreditando que tais esquemas seriam os mesmos em todos os seres racionais, Kant afirmou que o mundo consistia no que resultava desses esquemas, uma vez que o mundo, ele próprio, não poderia ser conhecido. A partir daí, no entanto, estava aberto o caminho à percepção de que os esquemas conceituais utilizados poderiam não ser os mesmos em todas as pessoas.[99] Estava aberto, em outras palavras, o caminho ao pluralismo e ao relativismo, sendo este a derivação mais cética e desencantada: onde o primeiro vê emancipação e libertação de preconceitos, o segundo vê apenas desencantamento.

O pluralismo, é verdade, como o relativismo, também maneja a idéia de limitação dos poderes da razão, aceitando como racionalmente irredutíveis muitas das diferenças morais e culturais. O princípio da tolerância se justifica, dessarte, como anota Höffe, em função dos limites do conhecimento, da falibilidade humana, da riqueza e da divergência de pontos de vista quanto à auto-realização concreta.[100] *Pero sobre todo, y por encima de los otros motivos, la tolerancia surge del reconocimiento del otro como una persona libre e igual que, en virtud de su inviolable dignidad humana, tiene el derecho a formarse sus propias convicciones y a vivir con ellas solo o con quienes las comparte, siempre que no se menoscabe este mismo derecho en todos los demás.*[101]

---

[99] Cfe. BAGHRAMIAN, Maria. On the Plurality of Conceptual Schemes. In: BAGHRAMIAN, Maria; INGRAM, Attracta. Ob. cit., p. 44.

[100] HÖFFE, Otfried. *Estudios...*, p. 150.

[101] Ibid.

O Princípio da Moralidade Administrativa

O caminho da fundamentação da moral em bases pós-metafísicas constitui, por tudo isso, um caminho de dúvidas e de poucas certezas, no qual se tem de exercitar uma busca dialógica permanente pela solução racional.[102] Torna-se indispensável, nessa senda, a adoção do diálogo ideal como padrão, é dizer, das normas que atribuem racionalidade ao discurso prático e à tomada de decisões.[103] Claro, a fundamentação da moral nesses termos se distancia, como veremos, da pretensão a uma fundamentação última, definitiva, conforme idealizada pela filosofia tradicional. Para verificar isso, contudo, teremos de aprofundar um ponto em relação ao qual ela comete um grave equívoco.

Trata-se do erro que consiste em deduzir um juízo de valor de um juízo de fato. Vimos, no capítulo 1, que autores como Kelsen e Hart estiveram bastante atentos para a diferença existente entre os planos do *ser* e do *dever ser*. No mesmo sentido, ocupou-se Bobbio em demonstrar que tal distinção houvera sido negligenciada pelo jusnaturalismo, que apenas se pôde manter vivo enquanto existiu a crença em uma natureza benfazeja, *i.e.*, a crença de que a natureza manifesta uma ordem racional à qual o homem se deveria ajustar para realizar o reino da justiça.[104] Uma vez abandonada essa crença, ao menos nos planos filosófico e científico, desnuda-se a falácia do *ser/dever-ser*, de que nos fala também Höffe.[105] Como assevera Bobbio, só é possível fundamentar um juízo de valor a partir de outro juízo de valor e jamais a partir de um juízo de fato. Quando alguém afirma, por exemplo, que é bom tomar um remédio para aliviar a dor de cabeça, poderá outra pessoa perguntar por que é bom que passe a dor de cabeça, e o primeiro terá de dizer algo como é bom porque assim é possível estudar. Novamente aqui, alguém poderá perguntar por que é bom estudar, e, dessa forma, segue a cadeia, sempre com recurso a um novo juízo de valor, uma cadeia em regresso infinito.[106] Tal realidade gera, com certeza, muito desconforto, razão suficiente para os clássicos se terem saído com a solução teleológica. Hart, do mesmo modo, identificou esse problema no pensamento clássico, conforme anteriormente registrado, assinalando que a concepção teleológica provocava confusão entre o *ser* e o *dever ser*.[107]

---

[102] Cfe. HABERMAS, Jürgen. *Consciência Moral...*, pp. 78 e ss.

[103] Cfe. ALEXY, Robert. *Teoria de la Argumentación...*, pp. 34-9 e 184-202.

[104] BOBBIO, Norberto. *Locke e o Direito Natural*. Brasília: UnB, 1997, p. 69.

[105] HÖFFE, Otfried. *Justiça...*, pp. 84 e ss.

[106] BOBBIO, Norberto. *Locke...*, pp. 62 e ss.

[107] HART, H.L.A. *O Conceito...*, p. 205.

Não se mostra viável, com efeito, a passagem de um juízo de fato para um juízo de valor. Não se pode dizer que algo é bom porque é, por exemplo, azul. Será necessário, então, dizer por que é bom que tal coisa seja azul, a menos que se diga que o ser azul (ou qualquer outra coisa) é essencial e naturalmente bom ou que foi criado por Deus, como toda a natureza. E, quando se diz que a natureza foi criada por Deus, não fica difícil deduzir que a natureza seja essencialmente boa, já que Deus – acredita-se – apenas pode fazer o bem. Procede-se, dessa forma, a uma dedução na qual sutilmente se atribui um valor positivo à natureza. Torna-se possível, ainda que equivocado, nesse raciocínio, passar do *ser* ao *dever ser* ou, em outros termos, afirmar que algo que *é* também é algo que *deve ser*.[108]

O equívoco, conquanto mais evidente no modelo aristotélico-tomista, surge em todo pensamento que, de alguma forma, considere a natureza como uma autoridade geradora de normas.[109] Ao rejeitar essa crença, o homem se vê em dificuldades para outorgar fundamento à moral. A impossibilidade de derivar um juízo normativo de um juízo descritivo o deixa sem saída, e isso parece responder pelo ceticismo na filosofia dos dois últimos séculos.

Vai-se delineando, porém, desde meados do século XX, um movimento de recuperação da filosofia ética, com trabalhos importantes sendo desenvolvidos, sempre em busca de caminhos novos para problemas pendentes. É nessa linha que se inserem as idéias sobre a racionalidade do discurso prático, a noção do diálogo ideal e a argumentação racional como via de justificação ética. Robert Alexy, com sua *Teoria da Argumentação Jurídica*, defende se ponha de lado a situação antes retratada, do regresso infinito, afastando-se a necessidade de fundamentar um proposição sempre noutra proposição. Não se cuida, como diz, nem de adotar uma solução arbitrária, interrompendo a cadeia com um fundamento que simplesmente não admita se questione o próprio fundamento, nem de encontrar uma solução lógica circular, nem, tampouco, de perder-se no regresso infinito.[110] Cumpre, em vez disso, substituir a exigência de uma

---

[108] Cfe. BOBBIO, Norberto. *Locke...*, p. 63. Hart observa, entretanto, que os clássicos, diferentemente dos escolásticos, não fizeram depender a concepção teleológica e o direito natural da existência de Deus ou, como refere, de um *Governador* ou *Legislador Divino* (HART, H.L.A.*O Conceito...*, p. 204).

[109] Cfe. HÖFFE, Otfried. *Justiça...*, pp. 84 e ss. Na obra *Estudios...*, pp. 107 e ss., o autor oferece uma análise do equívoco acima examinado, demonstrando que ele pode ser compreendido como um erro lógico e/ou semântico. No primeiro caso, tem-se a falácia do *ser/dever-ser*, cuja percepção se atribui a Hume; no segundo, a falácia naturalista, demonstrada por Moore.

[110] ALEXY, Robert. *Teoria de la Argumentación...*, pp. 176-7. O autor faz referência, nesse ponto, ao *Trilema de Münchhausen*, figura elaborada por Hans Albert para demonstrar a inviabilidade da fundamentação última (ALBERT, Hans, *Traktat über Kritische Vernunft*. Tübingen: Mohr, 1991, com primeira edição em 1968). Veja-se como propõe Albert, em tradução de Javier Bengoa Ruiz

fundamentação ininterrompida de cada proposição noutra proposição por exigências relativas ao modo de fundamentação, exigências que se podem formular como regras para uma discussão racional e não dizem respeito somente à lógica mas também ao comportamento mesmo dos participantes.[111] *El cumplimiento de estas reglas no garantiza ciertamente la certeza definitiva de todo resultado, pero sin embargo caracteriza este resultado como racional. La racionalidad, por consiguiente, no puede equipararse con la certeza absoluta. En esto consiste la idea fundamental de la teoría del discurso práctico racional.*[112]

Nessa ótica, a fundamentação é percebida como uma atividade lingüística. O seu conteúdo, ou melhor, o objeto de que trata o discurso é a correção dos enunciados normativos, dos enunciados que prescrevem *o que fazer*. Daí designar-se tal atividade como *discurso prático*.[113] A razão (ou racionalidade) do discurso prático se coloca, enfim, como uma perspectiva renovada da *razão prática*. Já Gregorio Robles fala em *razão ética*, registrando o desprestígio por ela sofrido com a ascensão da *razão técnica*, que mais não é senão a própria razão teórica entendida em seu aspecto instrumental.[114] A razão técnica ou tecnológica é a razão teórica, científica, posta a serviço da produção e do domínio da natureza. É uma racionalidade que se propõe neutra, avalorativa. É instrumental, em conclusão, porque fornece os meios, nada podendo dizer sobre os fins.[115]

---

de Azúa: *Si exigimos para todo una fundamentación, debemos exigirla también para aquellos conocimientos a los que hemos reconducido la proposición que tratábamos de fundamentar. Esto lleva a una situación con tres alternativas, que son igualmente inaceptables; por tanto, a un trilema que, por analogía entre nuestro problema y el del famoso barón, propongo llamar el trilema de Münchhausen. Pues sólo podemos elegir entre tres alternativas: 1) un regreso infinito, que viene dado por la necesidad de ir cada vez más atrás en la búsqueda de fundamentos, pero que no puede llevarse a cabo en la práctica, por lo que no nos proporciona ninguna base segura; 2) un círculo lógico en la deducción que surge cuando en el proceso de fundamentación se recurre a enunciados que previamente habían aparecido como necesitados de fundamentación, círculo que, al ser lógicamente incorrecto, no conduce a ningún fundamento seguro; y, finalmente, 3) una interrupción del procedimiento en algún momento concreto, que es, ciertamente, realizable en principio, pero que lleva consigo la suspensión arbitraria del principio de fundamentación suficiente* (RUIZ DE AZÚA, Javier Bengoa. *De Heidegger a Habermas: Hermenéutica y Fundamentación Última en la Filosofia Contemporânea*. Barcelona: Herder, 1992, pp. 24-5).

[111] ALEXY, Robert. *Teoria de la Argumentación...*, pp. 176-7.

[112] Ibid., p. 177.

[113] Ibid., p. 34.

[114] ROBLES, Gregorio. Ob.cit., pp. 95 e ss.

[115] Veja-se como o autor explica: *La razón instrumental está capacitada para señalarnos el camino a seguir para conseguir el fin propuesto. Pero no está capacitada para decirnos cómo deberían ser las cosas, es decir, no puede decir nada acerca de los fines. Si antes los hombres sabían qué es lo que querían pero no sabían cómo alcanzarlo, en nuestra sociedad sabemos cómo, pero no sabemos lo que queremos, no tenemos claros los fines. Estos pertenecen a lo irracional, a lo íntimo, a la vida privada que cada cual debe decidir según su propio arbitrio. La razón técnica se impone, de esta forma, sobre la razón ética, sofocándola al extremo, y el fenómeno civilizatorio, cuyos orígenes corresponden a la aceptación de un mensaje de divinización de lo humano, esto es, de la salvación ética y religiosa del hombre, se transmuta en una inmensa máquina de poder* (ibid., p. 97).

Mostra-nos Robles que, entre razão ética e razão técnica, verificou-se, ao longo da era moderna, uma situação de progressivo desequilíbrio, de crescente primazia da segunda em relação à primeira, sobrevindo o acme dessa tendência no edifício teórico de Max Weber, acrescido das teorias nele apoiadas – a de Kelsen, por exemplo –, todas convencidas da irracionalidade dos valores e da impossibilidade de produzir-lhes um conhecimento científico.[116]

Robles admite, entretanto, que a reproposição da filosofia ética deve manter parte da construção positivista, com ela se compatibilizando no que for possível. *Erróneo sería, además quizá de imposible en determinados campos, desplazar la aportación del positivismo al pensamiento en general. Lo que es necesario es superar su espíritu. Esto es, su concepción global de la racionalidad y su ingenua exaltación de la razón técnica.*[117]

De fato, assim é porque a erosão da pretensão à verdade absoluta se observou em todos os terrenos, e não só no dos valores. A verdade é plural, como afirma Robles, surgindo amiúde diferentes interpretações. Todo conhecimento é construído, sendo certo, por outro lado, que isso caracteriza mais fortemente os temas abstratos dos planos ético e político.[118] Mais do que em qualquer outro, nesses planos as idéias têm de ser fundamentadas, legitimando-se por meio de uma justificação racional resultante da apresentação de argumentos. Eis aí a necessidade do diálogo ideal como padrão orientador da escolha dos posicionamentos éticos, um diálogo (ou discurso) integrado por participantes racionais, não movidos por outros interesses que não o bem da coletividade, um diálogo realizado segundo normas que previnam o erro e a simplificação.[119] O autor aduz, por fim,

---

[116] Examinando o peso do legado weberiano, Robles menciona a influência que essas idéias exerceram não apenas no trabalho dos intelectuais mas também na própria mentalidade social: *Si se oye a los científicos afirmar rotundamente que los valores no son objeto de conocimiento científico, esto es, objetivo, sino una realidad subjetiva, de ahí es fácil pasar a la tesis, socialmente exitosa, de que en materia de valores no hay, como en materia de gustos, nada escrito, y que, por lo tanto, cada cual tiene que hacerse el traje a su medida. La "libertad respecto a los valores" (Wertfreiheit) llega a ser así no sólo un postulado teórico de la ciencia social, que ha de ser libre respecto a los valores para ser ciencia, sino también una exigencia vitalmente asumida: el individuo se siente libre de los valores. Me parece evidente que no podemos responsabilizar de esta transformación cultural a un autor como Weber, ni tampoco al movimiento positivista en su conjunto (...). Su credo era relativista y, por eso, democrático. Pero el relativismo – y aquí radica el fondo del reproche – conduce socialmente, esto es, en cuanto penetra en la sociedad transformándose en "ideología dominante", a la creencia de que no es posible enjuiciar las acciones humanas porque todo depende de puntos de vista. El reproche* [aos positivistas] *es injusto, pero al mismo tiempo corresponde a la verdad, si se entiende el fenómeno de absorción social de una idea generada en las fábricas del intelecto. Esto nos demuestra que la inteligencia nunca es inocente* (ibid., p. 99).

[117] Ibid., p. 127.

[118] Ibid., p. 157.

[119] Ibid., pp. 158-9. Consulte-se, sobre as regras do discurso prático, ALEXY, Robert. *Teoria de la Argumentación...*, pp. 184-202.

que semelhante teoria procedimental exibe implicações substanciais, pois, quanto mais aproximado for o diálogo real do diálogo ideal, menores serão as chances de escolhas irracionais e injustas.[120]

Esforços no sentido de desautorizar o relativismo e justificar o estabelecimento de um conteúdo moral mínimo produziram resultados interessantes, por igual, em Höffe. O autor, que se dedica à construção de um ponto de vista ético sobre o direito e o Estado, desenvolve a noção de *justiça política*, definida como conceito fundamental no exame da legitimidade do direito e do Estado, *i.e.*, como conceito fundamental da crítica ética da dominação, destinado a possibilitar o exame das condições e dos critérios da dominação justa.[121] Com esse desiderato, Höffe se ocupa especialmente de duas tendências que considera impedientes de uma reflexão sobre a justiça política: o positivismo jurídico e o anarquismo.[122] O positivismo jurídico em razão de seu ceticismo ético, o anarquismo porque propõe o fim de toda dominação.[123]

Interessa-nos, mais de perto, o debate que o autor desenvolve com o positivismo jurídico. Em primeiro lugar, Höffe demonstra que, em meio à diversidade moral, podem ser recolhidas algumas noções comuns de justiça que o relativismo desconsidera. Trata-se, precisamente, da idéia de justiça retributiva, presente na hipótese da troca: ninguém discute que a justiça, nesse caso, consiste em retribuir valor igual ao recebido.[124] Destaca ainda que, no âmbito procedimental, também há princípios sobre cuja justiça não se controverte, nomeadamente a imparcialidade e os imperativos que dela derivam, como a exigência de ouvir as duas partes e a proibição de julgar em causa própria. Mesmo em questões mais difíceis, como na da justiça distributiva, Höffe propõe aplicar a idéia da imparcialidade, que

---

[120] *Así, por ejemplo, me cuesta creer que hombres libres y racionales, carentes de todo temor o pasión para expresar sinceramente lo que piensan, y movidos por el bien de todos los que componen una comunidad, pudieran acordar el asesinato racista, la condena al hambre de masas enteras de población o cosas similares. (...) Parece, pues, lógico que pueda sostenerse que mediante el diálogo ideal se alcanzaría el consenso ideal, cuyo núcleo no está sometido a la variación del contexto, sino que ostenta el carácter de "objetividad". De esta forma, la teoría del diálogo ideal, a tenor de lo expuesto, se desdobla en dos aspectos, el procedimental y el material, cada uno de los cuales exige para sí por lo menos un núcleo de objetividad* (ROBLES, Gregorio. Ob.cit., pp. 162-3).

[121] HÖFFE, Otfried. *Justiça..., passim.*

[122] Ibid., pp. 5 e ss.

[123] Veja-se: *Enquanto o positivismo do direito e do estado se abstém da questão da legitimação, ela é levantada pelo anarquismo e respondida negativamente (...). Em ambos os casos, é recusada a idéia da justiça política; mas a recusa acontece em diversos níveis. Enquanto lá [no positivismo] é excluída da discussão do direito e do estado a perspectiva ética e, de modo mais geral, a perspectiva crítica, desaparecem aqui [no anarquismo] as "circunstâncias de aplicação" para a perspectiva ética* (ibid., p. 8).

[124] Ibid. pp. 28-9.

levaria a tratar todos segundo o mesmo ponto de vista. Nesse diapasão, cuidando-se de distribuir bens, serviços, direitos ou encargos, o tratamento de todos de acordo com a mesma regra manifestaria imparcialidade.[125]

Höffe almeja, nesse ponto, descaracterizar a diversidade como irredutível, conforme a vê o relativismo, mostrando que é preciso olhar igualmente para a unidade. Mas o empreendimento do autor é maior e prossegue no caminho de uma justificação ética do direito e do Estado. Para Höffe, a discussão relativa ao princípio da liberdade bem como sobre a legitimação e a limitação do direito e do Estado se liga ao projeto político da modernidade.[126] Sua idéia se desdobra, em seguida, na tese de que a convivência humana apenas pode assumir uma forma legítima com a consecução de um direito justo, o qual deve fornecer a medida de uma instância pública justa, ou seja, um Estado justo.[127] Tal formulação consubstancia uma *teseguia tripartite*, como o autor a denomina, composta de três enunciados: a) o Estado está obrigado à justiça; b) a justiça política é a medida normativo-crítica do direito; c) o direito justo é a forma legítima da convivência humana.[128]

Entre esses enunciados, desperta nossa atenção o da letra "b", porque a idéia de justiça política como medida normativo-crítica do direito e do Estado vem integrar a noção de moral crítica, definida por Hart em distinção à moral positiva, convencional. Vejamos, pois, no que consiste e como nos pode socorrer essa distinção.

2.2. A DISTINÇÃO ENTRE MORAL CRÍTICA E MORAL CONVENCIONAL

Quando se fala sobre a relação entre o direito e a moral, pode-se estar a considerar duas situações distintas. Pode-se estar a pensar na relação entre o direito e a moral convencional como também na relação entre o direito e a moral crítica. *Moral convencional, comum* ou *positiva* são expressões que designam o fenômeno social consistente na existência/observância de um conjunto de normas de comportamento baseadas em juízos comuns ou preponderantes sobre o que é bom ou mau, certo ou errado, justo ou injusto. *Moral crítica*, por sua vez, é locução que designa a instância crítica da práxis

---

[125] Ibid., pp. 29-30.

[126] Ibid., pp. 10 e ss.

[127] Ibid., p. 13.

[128] Ibid.

O Princípio da Moralidade Administrativa

53

humana, da práxis verificada nas instituições humanas, como o direito e o Estado. Tal distinção se encontra, por exemplo, em Höffe, que difere moral crítica e moral convencional,[129] e em Hart, que alude à distinção utilitarista entre moral crítica e moral positiva.[130]

Hart emprega essa distinção, como tivemos oportunidade de registrar, no exame que desenvolve a respeito da imposição coercitiva de certos padrões morais restritivos e intolerantes, voltados contra condutas como prostituição e homossexualismo. Menciona, então, os princípios morais gerais utilizados na crítica das instituições sociais, inclusive da própria moral convencional.[131] A construção de Höffe em torno da idéia de justiça política enriquece essa distinção, uma vez que, com o conceito de justiça política, o autor pretende favorecer uma crítica ética do direito e do Estado. A crítica ética corresponde, em Höffe, à esfera de justificação e legitimação (ou não) das instituições humanas, notadamente do direito e do Estado.[132]

Com Habermas e Alexy, podemos agregar à crítica ética, ou melhor, à moral crítica, para seguir empregando a terminologia antes indicada,[133] um conjunto de princípios procedimentais destinados a outorgar racionalidade à crítica mesma bem como às decisões tomadas sob o seu influxo. Esses princípios procedimentais, somados aos princípios materiais que, no contexto da tradição da modernidade, assumem, a partir da elaboração conceitual-argumentativa, a forma do conceito de justiça política, dos direitos humanos ou, como postula Peces-Barba Martínez, dos valores superiores,[134] com-

---

[129] Id. *Estudios...*, p. 8.

[130] Confira-se os próprios termos do autor: *To make this point clear, I would revive the terminology much favoured by the Utilitarians of the last century, which distinguished "positive morality", the morality actually accepted and shared by a given social group, from the general moral principles used in the criticism of actual social institutions including positive morality. We may call such general principles "critical morality".* (HART, H.L.A. *Law, Liberty and Morality.* Stanford: Stanford University, 1998, p. 20).

[131] Ibid.

[132] HÖFFE, Otfried. *Justiça...*, pp. 1 e ss.

[133] Veja-se que a moral, enquanto moral crítica, se confunde com a ética, sendo utilizadas as expressões *moral* e *ética*, nesse sentido, como sinônimas. Consultando Abbagnano, observamos, deveras, que a palavra *moral*, muito empregada para designar o objeto da ética, também aparece como sinônimo mesmo de *ética* (ABBAGNANO, Nicola. *Dicionário de Filosofia.* São Paulo: Martins Fontes, 2000, p. 682).

[134] Gregorio Peces-Barba Martínez, dedicando-se a examinar a moralidade relevante para a política e o direito, explica: *Muchos autores identifican esa moralidad con los derechos humanos y yo mismo lo he hecho en su dimensión de propuesta moral. (...) Sin embargo, la dignidad humana, raíz de esa moralidad, no se agota en los derechos humanos, (...) porque sería aceptar una visión exclusivamente subjetivista y vinculada al individuo. El poder solo sería frenado y limitado desde fuera, pero no introduciría en su interior, al menos plenamente, dimensiones de moralidad, ni por supuesto tampoco las transmitiría al Derecho objetivo. En ese sentido, creo que hay un prius, los valores, que recoge al núcleo de la moralidad de la modernidad, que se incorpora al Estado social y democrático de Derecho,*

põem o que vimos denominando moral crítica, entendida, assim, como uma instância normativo-crítica das instituições humanas, no âmbito da qual pode haver consenso.[135] Já a moral convencional ou, melhor dito, as morais convencionais implicam dissenso num mundo cada vez mais plural.

Pode-se desde logo notar, com certeza, que a moral crítica é a única que se fundamenta racional e suficientemente. A moral convencional se acha condicionada, muitas vezes, por elementos religiosos, mesmo nas sociedades secularizadas, processando-se de maneira bastante irrefletida e correspondendo, de certo modo, à concepção ética do emotivismo.[136] Mas tudo isso não significa que a moral crítica e a moral convencional se distingam perfeitamente uma da outra; na realidade, se comunicam, partilhando conteúdos. Diferenciam-se exatamente porque a moral convencional se restringe a determinados conteúdos (normas, valores, virtudes), enquanto a moral crítica inclui as razões.[137]

Assim é que o direito, considerado o nível de racionalidade que atingiu no moderno mundo ocidental, se vinculado está à moral – de maneira, cabe explicitar, a incluir a moralidade como critério de

---

como moralidad política y con su impulso se convierten en valores jurídicos. Este punto de vista está incorporado a nuestra Constitución, se maneja en el pensamiento moral, y también en el Derecho con la idea de valores constitucionales. A mi juicio se puede hablar de cuatro valores que constituyen la moralidad del poder y del Derecho en este paradigma político y jurídico de la modernidad y que son expresión de las tres liberaciones estudiadas: libertad, igualdad, solidariedad y seguridad jurídica (PECES-BARBA MARTÍNEZ, Gregorio. Ética, Poder y Derecho: Reflexiones ante el Fin de Siglo. In: ROIG, Rafael de Asís *et al*. *Valores, Derechos y Estado a Finales del Siglo XX*. Madrid: Dykinson, 1996, pp. 294-5).

[135] Advirta-se que, em oposição à teoria de Habermas, se questiona precisamente a idéia de consenso, porque este, como se diz, seria inviável. Habermas, porém, explica que, de *acordo com a ética do Discurso, uma norma só deve pretender validez quando todos os que possam ser concernidos por ela cheguem (ou possam chegar), enquanto participantes de um Discurso prático, a um acordo quanto à validez dessa norma* (HABERMAS, Jürgen. *Consciência Moral...*, p. 86).

[136] Para uma compreensão do emotivismo, reveja-se a nota nº 88.

[137] Note-se que a moral crítica, como instância crítica da *práxis* humana, não diz respeito somente ao Estado e ao Direito mas também a assuntos da esfera privada ou não regulamentada, como, por exemplo, questões existenciais ou relacionadas à pesquisa científica. Portanto, a moral crítica abrange temas de moral pública e de moral privada, interessando-nos, é claro, os primeiros. Não utilizamos, contudo, a terminologia *moral publica/moral privada* porque gera alguns equívocos, como o de que a moral privada seja inteiramente subjetiva, não exigindo aprendizagem e sendo cumprida por puro respeito ao dever (confira-se o item 1.2.1). Sobre a distinção entre moral pública e moral privada, veja-se PECES-BARBA MARTÍNEZ, Gregorio. Ob.cit., pp. 259 e ss. Divergimos do autor apenas quanto à distinção que propõe entre moral pública e moral crítica, afirmando que a segunda seria a moral pública ainda não incorporada pelo direito positivo (ibid., pp. 260-1). Como veremos, a dinâmica da abertura do direito à moral ou, em outros termos, da argumentação jurídica à argumentação moral (moral crítica) não permite delimitar completamente o que é moral incorporada – em verdade, conteúdos morais que passam a ser também conteúdos jurídicos – e o que é moral ainda não incorporada, embora elas caracterizem fenômenos diversos sujeitos a racionalidades díspares.

O Princípio da Moralidade Administrativa

validade –, o está à moral crítica e não à moral convencional. Evidente que a moral crítica, como instância normativo-crítica das instituições humanas, submete ao seu crivo o direito. Resta saber se o direito, ele próprio, se remete e se vincula à moral crítica. Em outras palavras, se são as teorias ético-políticas, e só elas, que estão a determinar ao direito que respeite a moral ou se há no próprio direito qualquer coisa que lhe determine essa observância.

2.3. O DIREITO COMO INSTITUIÇÃO VINCULADA À MORAL CRÍTICA

Muito bem. Vimos, com Hart, que o conceito geral de direito, *i.e.*, o conceito que tem por objeto o fenômeno *direito*, no sentido objetivo, verificado em diferentes sociedades e distintas épocas, não contempla, como uma necessidade, a vinculação do direito à moral. Sucede, todavia, que precisamente o conceito de Hart refere a existência de um critério interno de identificação do direito em cada sociedade (a regra de reconhecimento), critério este que pode variar entre os ordenamentos.[138] Ora, tal critério corresponde, em última análise, ao conceito de direito no âmbito de cada ordenamento. Do ponto de vista interno, enfim, conceituar o direito equivale a dar o critério de reconhecimento do direito nos limites de determinado ordenamento ou, como queremos, nos limites de determinada tradição, donde seguir-se como viável afirmar, no âmbito da tradição ocidental da modernidade, a vinculação do direito à moral.[139] Tudo isso porque identificamos, nesse contexto, duas formas de vinculação – sem falar na conexão, por todos aceita, observada quando a legislação incorpora normas morais – que podem ser expressas mediante dois argumentos: o argumento da legitimação, segundo o enfoque de Habermas, e o argumento dos princípios, na visão de Alexy.

2.3.1. O argumento da legitimação do direito em Habermas

Tome-se em conta, primeiramente, que Habermas vê limites entre o direito e a moral, diferenciando-os em razão de suas distintas racionalidades. Observa que só o direito atende às exigências de uma

---

[138] Sobre a regra de reconhecimento, reveja-se o capítulo 1 e a nota nº 78.

[139] Quanto à noção de ocidente, tenha-se que será referida, neste trabalho, em sua dimensão cultural e não geográfica. Considere-se, além disso, que *tradição da modernidade* aqui aparece como sinônimo de *tradição ilustrada*, equivalendo ambas as locuções à obra ético-política delineada na Ilustração.

racionalidade procedimental completa, por dispor de critérios institucionais e autônomos (critérios de positividade ou legalidade), que permitem a um não-participante dizer se uma decisão foi tomada conforme as normas jurídicas. Já a moral somente satisfaz a uma racionalidade procedimental incompleta, sendo que apenas um participante pode constatar se algo foi decidido de acordo com a moral. Para o autor, aliás, é justamente em razão da racionalidade procedimental incompleta da moral que tantos assuntos têm de ser regrados pelo direito. A grande maioria dos temas sociais exige regulação de natureza jurídica, que institucionaliza expectativas de comportamento, dando-lhes força vinculante, além de um grau maior de univocidade.[140]

Habermas afirma, porém, que o direito, enquanto direito positivo do Estado de Direito, com sua racionalidade procedimental completa – que, como referido, garante maior univocidade às normas e lhes dá força vinculante –, é utilizado também para distribuir os pesos da argumentação e institucionalizar modos de fundamentação abertos a argumentações morais.[141] E daí asseverar que a positivação e a autonomização do direito não têm o condão de desconectá-lo da moral nem da política.[142]

A fim de eliminar qualquer dúvida a esse respeito, propõe, em breves linhas, uma retrospectiva do processo de positivação do direito, verificado na Europa a partir do final da Idade Média até as grandes codificações. Referindo-se às culturas pré-modernas, nelas destaca a presença de três elementos: a) o direito sacro, pronunciado por especialistas em teologia e direito, com natureza incondicionada e não-instrumental; b) o direito burocrático, ditado pelo soberano, com índole instrumental e subordinado ao direito sacro; c) o direito consuetudinário, proveniente das tradições de cada povo, que se mesclava e tomava forma nos direitos sacro e burocrático. O direito sacro, de matriz divina e natural, não estava sob o poder do soberano; antes, era o soberano que se achava autorizado e legitimado pelo direito sacro. Semelhante estrutura, no entanto, viu-se desmoronar à medida que as concepções religiosas sobre o mundo se restringiram ao plano subjetivo e privado, e que o direito consuetudinário foi sendo absorvido pelo trabalho de especialistas e pelo direito positivo do Estado. Restou, em conseqüência, só o direito burocráti-

---

[140] HABERMAS, Jürgen. *Direito e Democracia: Entre Facticidade e Validade*. Rio de Janeiro: Tempo Brasileiro, 1997, v. 2, pp. 216 e ss.

[141] Ibid., p. 218.

[142] Ibid., pp. 229 e ss.

O Princípio da Moralidade Administrativa

co do príncipe – enquanto direito positivo do Estado –, agora emancipado do direito sacro.[143]

Visto isso, aduz Habermas que o direito antecedeu o nascimento do poder estatal juridicamente organizado, ao passo que este surgiu simultaneamente com o direito positivo do Estado.[144] Logo – continua o autor –, *parece ser que es la evolución arcaica del derecho la que empieza haciendo posible la aparición de un orden político en el que el poder estatal y el derecho estatal se constituyen recíprocamente.* Ainda, constata que *determinadas estructuras de la conciencia moral desempeñaron un importante papel en la articulación de la simbiosis entre derecho y poder estatal.*[145]

A partir dessas constatações, nos fala na indisponibilidade ou incondicionalidade (*Unverfügbarkeit*)[146] do direito, idéia que contradiz as teses positivistas tanto de Austin quanto de Kelsen. Habermas não aceita, de fato, a tese de Austin de que o direito se tenha limitado à sua instrumentalidade e que se restrinja àquilo que determina o soberano. Tampouco concorda com Kelsen, para quem o direito deve manter algo de sua antiga incondicionalidade, mas na própria forma do direito e não em seu conteúdo. Verifica Habermas que, seguindo o pensamento desses dois autores, obtém-se *la conclusión de que puede prescindirse de la garantia metasocial de validez jurídica que antaño había representado el derecho sacro, sin que sea menester buscarle sustituto.*[147] Em sentido diverso, contudo, afirma que esse *momento de incondicionalidad, que incluso en el derecho moderno sigue constituyendo un contrapeso a la instrumentalización política del medio que es el derecho, se debe a la interconexión de la política y del derecho con la moral.*[148]

Habermas sustenta que não desaparece, com a positivação do direito, a problemática de sua fundamentação, *sino que esa problemática no hace más que desplazarse hacia la base, ahora mucho más estrecha, que representa una ética profana, de tipo posmetafísico, y desligada de las imágenes religiosas del mundo.*[149] Para o autor, se os fundamentos morais do direito não mais se podem encontrar numa ética metafísica, com recurso à figura do direito natural, não se pode deixar de dar a essa figura um substituto, sob pena de tolher o direito do momento

---

[143] Ibid., pp. 230 e ss; id. *Escritos sobre Moralidad...*, pp. 131 e ss.

[144] Ibid., p. 137.

[145] Ibid., p. 138.

[146] Id. *Faktizität und Geltung: Beiträge zur Diskurstheorie des Rechts und des demokratischen Rechtsstaats.* Frankfurt: Suhrkamp, 1998, p. 583. Na tradução brasileira desta obra, encontramos, para *Unverfügbarkeit*, a palavra *indisponibilidade*; na tradução espanhola, *incondicionalidad*.

[147] Id. *Escritos sobre Moralidad...*, p. 137.

[148] Ibid., p. 138.

[149] Ibid., p. 145.

de indisponibilidade de que necessita. Trata-se de buscar um ponto de vista moral, no interior mesmo do direito, que produza a formação imparcial dos juízos e da vontade coletiva, não bastando, para isso, positivar princípios, porque, diante da contingência dos conteúdos do direito, faz-se necessário algo como *la fuerza trascendedora de un procedimiento que se regule a sí mismo, que controle su propia racionalidad*.[150]

Aqui mantemos, todavia, alguma discordância, por não nos parecer que a indisponibilidade do direito, no âmbito da tradição da modernidade, se resuma à vinculação do direito aos princípios da ética procedimental. Pensamos, como atrás referido, que o direito, no contexto do moderno mundo ocidental, se vincula à moral crítica, formada pelos princípios substanciais e procedimentais da nossa tradição ilustrada. Consideramos inquestionável que nosso grau de desenvolvimento jurídico, político e filosófico não se harmoniza com a idéia de que o direito corresponde, simplesmente, àquilo que os poderes competentes ditam, pois, se o Estado se secularizou e o direito se autonomizou, em nosso proveito, não significa que não mais necessitem de um fundamento. Vale dizer: se o Estado e o direito não mais se legitimam pela religião ou pela tradição, isso se deve a um processo intelectual e filosófico emancipatório que alocou a justificação do poder no plano do interesse geral.

A contribuição de Habermas, entretanto, nos é muito útil no sentido de evidenciar que o direito positivo do Estado, embora favorecido por uma racionalidade procedimental própria, não se legitima só nos critérios dessa racionalidade (critérios de positividade ou legalidade), não podendo abrir mão de certo grau de indisponibilidade. Esta, por sua vez, como mostra o autor, reside na vinculação e na abertura dos discursos jurídicos à argumentação moral, com o que se produz, enfim, a legitimação do direito.

Veja-se como o autor explica a dinâmica da legitimação do direito por meio da abertura do discurso jurídico à argumentação moral:

> *Finalmente, é preciso considerar que os discursos jurídicos, independentemente do modo como se ligam ao direito vigente, não podem mover-se num universo fechado de regras jurídicas univocamente fixadas. Isso é uma conseqüência da própria estratificação do direito moderno em regras e princípios. O direito constitucional revela que muitos desses princípios possuem uma dupla natureza: moral e jurídica. Os princípios morais do direito natural transformaram-se em direito posi-*

---

[150] Ibid., pp. 153-4.

O Princípio da Moralidade Administrativa

59

tivo nos modernos Estados constitucionais. Por isso, a lógica da argumentação permite ver que os caminhos de fundamentação, institucionalizados através de processos jurídicos, continuam abertos aos discursos morais.

Por conseguinte, se as qualidades formais do direito são encontráveis na dimensão dos processos institucionalizados juridicamente, e se esses processos regulam discursos que, por seu turno, são permeáveis a argumentações morais, então pode-se adotar a seguinte hipótese: a legitimidade pode ser obtida através da legalidade, na medida em que os processos para a produção de normas jurídicas são racionais no sentido de uma razão prático-moral procedimental. A legitimidade da legalidade resulta do entrelaçamento entre processos jurídicos e uma argumentação moral que obedece à sua própria racionalidade procedimental.[151]

Tais palavras nos remetem, logo, a um segundo argumento em favor da tese da vinculação entre o direito e a moral no contexto do moderno mundo ocidental, a saber, o argumento dos princípios.

2.3.2. O argumento dos princípios em Alexy

Conforme propõe Alexy, os ordenamentos jurídicos, as normas que integram esses ordenamentos e as decisões judiciais sempre formulam, ainda que não a satisfaçam, uma pretensão de correção. Demonstra isso sugerindo alguns exemplos, como o de um dispositivo constitucional que estabeleça que o Estado *X é uma república soberana, federal e injusta*, ou o de uma sentença que disponha: *O acusado é condenado incorretamente à prisão perpétua.* Para Alexy, esses exemplos não só exibem falhas técnicas e morais como também conceituais. O mesmo é dizer que não se enquadram no conceito de direito e, por isso, soam absurdos.[152]

Fincado nessa idéia, que denomina *argumento da correção*, Alexy introduz o *argumento dos princípios*, segundo o qual todos os sistemas

---

[151] Id. *Direito e Democracia...*, p. 203.

[152] ALEXY, Robert. *El Concepto...*, pp. 41 e ss. O autor não nos informa, nessa altura, de que conceito parte quando identifica tal falha conceitual. Declina apenas que *la expresión "falla conceptual" es utilizada aquí en un sentido amplio ya que se refiere también a violaciones en contra de reglas que son constitutivas de los actos lingüísticos, es decir, de las expresiones lingüísticas como acciones. Con el acto de sanción de una Constitución está vinculada necesariamente la pretensión de corrección que, en este caso, es, sobre todo, una pretención de justicia. Un legislador constitucional comete una contradicción performativa cuando el contenido de su acto constituyente niega esta pretensión, a pesar de que con su ejecución la formula* (ibid., p.43). Sobre a noção de contradição performativa, veja-se AUSTIN, John Langshaw. *Quando Dizer é Fazer: Palavras e Ação.* Porto Alegre: Artes Médicas, 1990. Repare-se, ainda, que a proposição de Alexy de que o direito sempre manifesta uma pretensão de correção se mostra compatível com o conceito geral de direito por nós adotado, a partir de Hart, no capítulo 1, e, assim, torna-se possível empregar essa proposição em nosso raciocínio independentemente de acolhermos o conceito de direito de Alexy.

jurídicos minimamente desenvolvidos contêm princípios – positivados ou não e elaborados, em última análise, no plano moral –, sendo que, em todos esses sistemas, terá o juiz de manejar princípios, particularmente nos casos difíceis, mediante ponderação, a fim de realizar a pretensão de correção.[153] Alexy parte da noção, hoje bastante difundida, de que o direito mantém uma estrutura aberta, por um variado número de razões, que, para o autor, são a vagueza e a ambigüidade da linguagem do direito, a possibilidade de conflitos entre normas, a ausência de uma norma para determinado caso e a necessidade de ter de decidir, em situações especiais, contra o texto da lei.[154] Nesses casos – os chamados casos difíceis ou duvidosos –, o procedimento voltado à satisfação da pretensão de correção é a utilização de princípios, mediante ponderação, e isso acarreta a incorporação desses princípios pelo direito, princípios que, quanto a seu conteúdo, pertencem a alguma moral.[155] O autor admite, porém, que só uma versão fraca da tese da vinculação entre o direito e a moral resulta do argumento dos princípios. Uma versão fraca se distingue de uma versão forte porque a primeira afirma, tão-somente, a vinculação do direito a *alguma moral*, enquanto a segunda afirma a vinculação do direito à *moral correta*.[156] Alexy acolhe a versão fraca, sustentando que a tese da vinculação resultante do argumento dos princípios *es válida si entre los princípios que hay que tomar en cuenta en los casos dudosos a fin de satisfacer la pretensión de corrección siempre se encuentran algunos que pertenecen a alguna moral.*[157]

---

[153] ALEXY, Robert. *El Concepto...*, pp. 73 e ss.

[154] Ibid., pp. 73-4.

[155] Ibid., pp. 78 e 80. Observe-se como justifica: *La pretensión de corrección exige que en un caso dudoso se lleve a cabo una ponderación y, por lo tanto, se tomen en cuenta los principios cuando ello sea posible. Así, no se cumple la pretensión de corrección si en un caso dudoso un juez elige una de las dos decisiones conciliables con el material dotado de autoridad aduciendo la siguiente fundamentación:* "Si hubiese ponderado hubiese llegado a otra decisión; pero no he ponderado". *Con esto se ve claramente que en todos los sistemas jurídicos en los que existen casos dudosos, en los que la ponderación es relevante, ella está exigida jurídicamente y, por lo tanto, también lo está la consideración de principios. Esto significa que en todos los sistemas jurídicos de este tipo, por razones jurídicas, los principios son elementos necesarios del sistema jurídico* (ibid., p. 78).

[156] Ibid., pp. 79 e ss.

[157] Ibid., p. 79. Mais adiante, refere que aquilo que se entende por *alguma moral* pode incluir princípios que consideramos injustos, como, *v.g.*, o princípio da superioridade racial. Logo, se dirá, como prevê Alexy, que um juiz que decide com base no princípio da superioridade racial também formula uma pretensão de correção, daí se concluindo que o argumento dos princípios garante somente a pretensão e não a realização da correção. De fato, isso é verdade, respondendo nosso autor que *antes del umbral de la injusticia extrema, sólo la pretensión y no su realización puede crear una conexión necesaria entre el derecho y la moral correcta. Quien apunte a la realización dice demasiado* (ibid., p. 83). O autor agrega, então, como se vê, o *argumento da injustiça*, formulado com base em Radbruch (ob. cit., pp. 415 e ss.), aduzindo que o direito positivo só perde o seu caráter jurídico, por violação à moral, quando ultrapassa o limiar da injustiça extrema, *i.e.*, o limiar a partir do qual só existe o extremamente injusto, em relação ao

Ora, uma vez limitado o presente capítulo ao contexto do moderno mundo ocidental, torna-se possível falar numa versão forte da vinculação entre o direito e a moral, já que os princípios aos quais o direito se remete, nesse contexto, em razão da pretensão de correção, são os princípios da modernidade ocidental (com o perdão, talvez, pela redundância), que então aparecem como moral correta (moral crítica – lembre-se –, em permanente acontecer).

Concluímos, assim, apoiados nos instrumentais teóricos de Habermas e Alexy, particularmente nos respectivos argumentos da legitimação e dos princípios, que o direito, numa perspectiva interna e historicamente situada – a perspectiva de quem o opera no contexto do moderno mundo ocidental –, se vincula à moral crítica. O direito, como um fenômeno, um acontecer lingüístico-argumentativo, se abre e se remete à argumentação moral sempre que a fundamentação é exigida. Isso decorre das insuficiências técnicas da forma e da linguagem do direito bem como da pretensão de correção e da necessidade de legitimação que ele mantém no contexto da tradição da modernidade. Verificando ainda que, no contexto dessa tradição, conteúdos morais positivados vão se tornando indisponíveis no interior mesmo do direito, a este podemos atribuir certa indisponibilidade. Aliás, a positivação de conteúdos morais ocorre mediante o emprego de expressões (dignidade, sociedade justa, lealdade, boa-fé) que continuam cobrando sentido na argumentação moral.

Diante desse quadro, enfrentamos, com certeza, alguma dificuldade para definir os limites entre o direito e a moral, sendo que, conforme alguns autores, tais limites não podem mesmo ser traçados. Observamos, no entanto, que o direito e a moral, no contexto da modernidade, se diferenciam em virtude de suas distintas racionalidades. A racionalidade do direito se deve a seus critérios institucionais e autônomos de positividade, numa palavra, a sua forma.

---

qual não se sustenta nenhuma pretensão de correção. Portanto, antes *del umbral de la injusticia extrema, una lesión de la moral no tiene como consecuencia que la norma en cuestión o la decisión en cuestión pierdan el carácter jurídico, es decir, que no sea derecho (...) sino sólo a que ella constituya una norma o una decisión jurídicamente defectuosa* (ALEXY, Robert. El Concepto..., p. 83). Aqui, finalmente, reprisamos o que dissemos à nota nº 84 sobre fazer inserir a tese da vinculação no conceito geral de direito posto sob o enfoque do participante, como parece querer Alexy. Vistos os seus argumentos – os argumentos da correção, dos princípios e da injustiça –, percebemos que apenas conduzem, quando manejados no plano da discussão sobre o conceito geral de direito, a uma vinculação fraca entre o direito e a moral, a uma vinculação entre o direito e alguma moral, a uma vinculação, enfim, que não necessariamente exclui a validade das normas jurídicas quando contrárias a essa moral, salvo no caso da injustiça extrema. E, mesmo quanto a essa hipótese, resulta questionável a conclusão de Alexy, pois, quando examinada à luz da pluralidade moral verificada no tempo e no espaço para além dos limites da modernidade, não se sustenta, desmoronando, antes, a sua premissa, que é a de que, *más allá del umbral de la extrema injusticia, existe amplio acuerdo en el sentido de qué es lo que lesiona la moral,* ao passo que *antes del umbral impera una gran disparidad* (ALEXY, Robert. El Concepto..., p. 83.).

Todavia, à medida que conteúdos jurídicos vão se tornando indisponíveis, o direito passa a ser, a um só tempo, forma e substância.

Certo, instrumentais teóricos outros nos poderiam ter levado a semelhante conclusão. Mas, não sendo nossa intenção exaurir tema tão sinuoso, consideramos simplesmente que os instrumentais teóricos empregados nos permitem lançar olhares criteriosos sobre a problemática enfrentada, habilitando-nos a prosseguir, em nosso trabalho, de maneira segura – tão segura quanto possível, é claro, na linha de tudo o que atrás se disse. Avançamos, em seguida, na direção do exame do princípio da moralidade administrativa, passando, na próxima parte, pelo estudo da evolução histórica do Direito Administrativo e da construção da noção de moralidade administrativa.

Parte II
ESTADO, ADMINISTRAÇÃO PÚBLICA E MORALIDADE

3. A Administração Pública e a evolução de sua disciplina no marco do Estado de Direito

Havendo sido fixadas, na primeira parte do trabalho, as bases filosóficas que nos permitirão desenvolvê-lo, voltamo-nos, agora, para a Administração Pública, iniciando por observá-la em sua interação com as transformações sofridas pelo Estado, sendo certo que as questões e, também, as soluções postas no Direito Administrativo se acham inescapavelmente condicionadas pelos rumos da história política.[158] Deveras, consoante pontua Maria João Estorninho, há uma relação inevitável entre os modelos de Estado e a definição das formas de atuação da Administração Pública. É dizer, em outras palavras, que as funções a serem desempenhadas pela Administração Pública resultam diretamente do perfil outorgado ao Estado numa dada sociedade em determinado momento.[159]

Seguimos, assim, neste capítulo, por uma via menos conceitual do que histórica, interessando-nos o movimento traçado pela Administração Pública e a evolução de sua disciplina no marco do Estado de Direito, bem como as circunstâncias que levaram ao desgaste do modelo estatal social-interventivo, em cuja crise se faz evidente a preocupação com a moralidade administrativa. Temos consciência, por certo, que as narrativas históricas sempre sofrem com as generalizações e as simplificações, e que a evolução do Direito Adminis-

---

[158] Veja-se, a esse respeito, a lição de Villar Palasí e Villar Ezcurra: *El derecho administrativo de cualquier país muestra en su evolución la historia política de ese país y, de ahí, que se vuelva incomprensible si se le aísla del entorno político que le da savia y sentido* (VILLAR EZCURRA, Jose Luis; VILLAR PALASÍ, Jose Luis. *Principios de Derecho Administrativo*. Madrid: Universidad Complutense, 1999, v. 1, p. 15). Ainda, Santamaria Pastor: *La historia de la Administración es inseparable, en efecto, de la historia del propio Estado: no sólo porque durante buena parte de la evolución política europea, Administración y Estado han sido, prácticamente, una y la misma cosa, sino también porque la estructura administrativa constituye hoy, cuantitativa y cualitativamente, el bloque central y hegemónico del aparato estatal. Pero, ante todo, la historia de la Administración y de su Derecho solamente pueden comprenderse como la historia de unos instrumentos, organizativos y jurídicos, puestos al servicio del poder estatal* (SANTAMARIA PASTOR, Juan Alfonso. *Princípios de Derecho Administrativo*. Madrid: Centro de Estudios Ramón Areces, 2000, v. 1, pp. 47-8).

[159] ESTORNINHO, Maria João. *A Fuga para o Direito Privado*. Coimbra: Almedina, 1999, p. 17.

trativo encerra uma complexidade bem maior que a que lograremos por ora abraçar. Mas se o processo histórico do Estado e da Administração Pública, para falar somente no período pós-absolutista, se apresenta, de um lado, com grande riqueza de aspectos e etapas, além de peculiaridades locais e regionais, de outro nos permite identificar duas fases bastante distintas, as fases de predomínio dos modelos liberal-individualista (séc. XIX) e social-interventivo (séc. XX).

Foi ao longo desses dois períodos que o Direito Administrativo se desenvolveu, afirmando-se, comumente, que nasceu junto com o Estado de Direito pelas mãos da Revolução Francesa. Isso, no entanto, pode apenas significar que o Direito Administrativo como o conhecemos hoje surgiu uma vez superado o Estado tradicional e absolutista, pois, se entendido, simplesmente, como um conjunto de normas aplicáveis ao aparato do soberano, de há muito existia.[160] O que não existia era a concepção e a imposição de um regime que estabelecesse prerrogativas e sujeições, poderes e limitações, tudo sob a égide de um corpo de princípios ou, em termos mais simples, de idéias fundamentais, em especial a da legalidade.[161] Daí associar-se o novo regime ao Estado de Direito, forjado exatamente para limitar o poder do Estado como também para lhe fixar as atribuições.[162]

Retenha-se, neste ponto, que o *regime administrativo* de que se fala é o que se desenvolveu na Europa continental a partir do final do século XVIII, influenciado pelo modelo francês e difundido, mais tarde, para tantos outros países, notadamente para os de matriz romano-germânica. No período anterior ao surgimento desse regime e nos países em que ele não chegou a ser adotado, como Inglaterra e Estados Unidos, o poder público esteve ou se manteve regulado pelo direito privado e por algumas normas excepcionantes. Na vigência do Estado Absolutista, as normas excepcionantes e derrogatórias do direito privado traduziam o poder quase ilimitado do soberano, que, enquanto tal, não se submetia ao direito comum,[163]

---

[160] Para uma exata compreensão do debate sobre o surgimento do Direito Administrativo, consulte-se, de Carmen Chinchilla, Reflexiones en torno a la Polémica sobre el Origen del Derecho Administrativo. In: CHINCHILLA, Carmen; LOZANO, Blanca; SAZ, Silvia del. *Nuevas Perspectivas del Derecho Administrativo: Tres Estudios*. Madrid: Civitas, 1992, pp. 19-57.

[161] Atente-se para o fato de que a noção de princípio jurídico, como hoje figurada, se desenvolveu apenas no século XX.

[162] *De todas las características que la doctrina clásica atribuía al "régimen administrativo" la que, sin lugar a dudas, determina su configuración autónoma y, por ende, la del derecho administrativo como derecho común de la Administración (no especial ni excepcional), es la existencia de un sistema de prerrogativas de poder público que influyen también, correlativamente, en un aumento de las garantías del administrado, a efectos de compensar al poder público y mantener un justo equilibrio entre ambas* (CASSAGNE, Juan C. *Derecho Administrativo*. Buenos Aires: Abeledo-Perrot, 2000, v.1, p. 107).

[163] O soberano se sujeitava apenas a alguns normas que lhe ditavam o poder (cfe. MIRANDA, Jorge. *Manual de Direito Constitucional*. Lisboa: Coimbra, 1997, v. 1, p. 79), inclusive o de

sendo que, com a formação do Estado Polícia, num segundo momento, atribuiu-se ao rei a faculdade de intervir amplamente na vida dos particulares sempre que isso fosse necessário à manutenção da paz pública.[164] Nos países anglo-saxões, por outro lado, a superação do Estado Absolutista não ensejou a formação de um regime administrativo como o que, a partir de então, se desenvolveu na Europa continental.[165] Observe-se, aliás, que a expressão *regime administrativo* informa a existência de um regime jurídico derrogatório e não apenas de um grupo de normas excepcionantes. O novo regime continha um núcleo principiológico que lhe outorgava unidade, encontrando-se atado à primazia do interesse geral, à limitação do poder do Estado e à proteção dos direitos do indivíduo, ou seja, a uma orientação principiológica antes inexistente. Como registra Agustín Gordillo, verificou-se, com a superação do Estado Absolutista, *el germen del moderno derecho administrativo, pues al tomarse conciencia de que existen derechos del individuo frente al Estado, y que el primero es un sujeto que está frente a él, no un objeto que éste pueda simplemente mandar, surge automáticamente la necesidad de analizar el contenido de esa relación entre sujetos, y de construir los principios con los cuales ella se rige.*[166] Em outras palavras, estavam lançados os funda-

---

legislar, situando-se num patamar em que não incidiam as normas do direito privado. Contudo, além do soberano, havia o *Fisco*, que mais não era senão o Estado em sua dimensão patrimonial, aplicando-se em relação a ele, quando entendido de tal forma, o direito privado. Assim, por *medio de esta ficción que es el "Fisco" va a ser posible que el Rey pueda contratar, tener propiedades, etc., y que, sin mengua de la soberanía, pueda trabar relaciones jurídicas con los particulares con arreglo al Derecho Privado.* (GARCÍA DE ENTERRÍA, Eduardo; FERNÁNDEZ, Tomás-Ramón. *Curso de Derecho Administrativo.* Madrid: Civitas, 2000, v. 1, p. 365).

[164] Jorge Miranda esclarece que o Estado Polícia caracterizou uma segunda fase do Estado Absolutista, na qual, mantendo-se inquestionável a autoridade do rei, desenvolveu-se a concepção de que o Estado buscava realizar o interesse comum, visando especialmente à manutenção da paz pública, donde falar-se em Estado Polícia e, também, despotismo esclarecido (MIRANDA, Jorge. Ob.cit., p. 80).

[165] Segundo Cassagne, o sistema dos países anglo-saxões (o *Rule of Law*) se diferenciava do regime administrativo francês mantendo as seguintes características: a) descentralização e autonomia dos entes locais; b) aplicação do direito comum às atividades da Administração, não considerada como um poder jurídico; c) sujeição da Administração aos tribunais comuns. Já o modelo francês assim se caracterizava: a) estrutura fortemente centralizada e hierarquizada, com órgãos integrados por funcionários controlados por órgãos superiores; b) um conjunto de prerrogativas atribuídas à Administração, vista como um poder jurídico; c) julgamento da atividade administrativa por tribunais administrativos (CASSAGNE, Juan Carlos. Ob.cit., p. 106). Tais diferenças, com o tempo, diminuíram, observando-se, *v.g.*, o aumento das prerrogativas estatais e a atenuação das autonomias locais nos países anglo-saxões (ibid., p. 107).

[166] GORDILLO, Agustín. *Tratado de Derecho Administrativo.* Buenos Aires: Fundación de Derecho Administrativo, 2000, v.1, p. II-4. Otto Mayer, saudando a novidade, chegou a dizer que, tradicionalmente, o espaço de não-incidência do direito civil era, em realidade, um espaço de não-incidência do direito: *Lo que hay de "nuevo" es que, en lo sucesivo, esta potestad soberana universal recibe una organización específica, por la cual se reviste a sí misma de formas y rasgos característicos del derecho. El derecho público no significa ya, como en el eufemismo de los antiguos doctores, una esfera en la cual, por oposición a la del derecho civil, no existe derecho cuando se trata*

mentos do Direito Administrativo como nós hoje o conhecemos.[167] Vejamos, então, como ele se desenvolveu na primeira fase do Estado de Direito, *i.e.*, na fase de predomínio do modelo liberal-individualista.

3.1. A FASE DE PREDOMÍNIO DO MODELO LIBERAL-INDIVIDUALISTA

O Estado de Direito, em sua primeira fase, ajustou-se aos ideais liberais, assumindo, em razão disso, um perfil absenteísta. A Administração Pública, de sua parte, manteve contornos acanhados, pois, se eram modestos os fins assumidos pelo Estado, modestas também eram as funções da Administração Pública. O Liberalismo propugnava, como se sabe, a limitação da intervenção estatal e a proteção da liberdade do indivíduo. Alicerçava-se na crença da regulação espontânea da sociedade, confiando ao Estado apenas a tarefa de manter a ordem e a segurança e de resolver as disputas que surgissem, por meio de um juízo imparcial, sempre visando garantir a liberdade do indivíduo.[168]

Faz-se mister, contudo, não simplificar em demasia a atuação do Estado e da Administração Pública nesse período.[169] Segundo informa Jacques Cadart, o Estado se encarregou, nessa fase, da prestação de serviços como educação, saúde e assistência, antes oferecidos pelas organizações eclesiásticas. Havia escolas e hospitais

---

de relaciones entre Estado e súbdito. Tenemos ante nosotros el hecho de la existencia de un "derecho público administrativo" que se aplica a la administración, al lado de aquel que queda atribuido a las relaciones civiles. Ello produce necesariamente un cambio sobre los principios que rigen la delimitación de la competencia del derecho civil respecto del Estado. Éste deja de ser el único derecho posible, el único llamado a proporcionar sus normas en todo lugar y momento en que el Estado no se sustraiga a ellas, haciendo valer su potestad de mando y de coacción y manifestándose por encima de todo derecho (MAYER, Otto. *Derecho Administrativo Alemán*. Buenos Aires: Depalma, 1949, v. 1, p. 69).

[167] Cfe. DUPUIS, Georges; GUÉDON, Marie-José; CHRÉTIEN, Patrice. *Droit Administratif*. Paris: Armand Colin, 1999, p. 12.

[168] Cfe. STRECK, Lenio Luiz; MORAIS, José Luis Bolzan de. *Ciência Política e Teoria Geral do Estado*. Porto Alegre: Livraria do Advogado, 2000, p. 53.

[169] Oportuna, aqui, a advertência de Santamaria Pastor: *La implantación del nuevo régimen político no supuso en modo alguno, contra lo que podría suponerse, una ruptura en la constante línea histórica de incremento del poder estatal. Una consideración superficial de los principios antes citados, unida a la concepción tópica del Estado liberal como un Estado preocupado exclusivamente por la libertad, observador riguroso en lo económico de la máxima "laissez faire, laissez passer", podría quizás inducir a la creencia de que los movimientos revolucionarios habrían procedido a un desmontaje sistemático de las estructuras administrativas del Antiguo Régimen; de acuerdo con esta hipótesis, la Administración habría quedado minimizada en organización y constreñido al máximo su contenido funcional. Esta creencia es totalmente errónea* (SANTAMARIA PASTOR, Juan Alfonso. Ob.cit., p. 62).

públicos, de maneira a assegurar a prestação de serviços essenciais não atendidos suficientemente pelos entes privados.[170]

García de Enterría, em sentido análogo, com olhos no caso específico da França, observa que lá os serviços públicos prosperaram depois da Revolução. Conforme o autor, em primeiro lugar, o Estado deu prosseguimento aos serviços que já eram prestados pela Monarquia (canais, vias, saúde, indústria); em segundo, assumiu os serviços que antes ficavam a cargo da Igreja (educação, registros, assistência); em terceiro, desenvolveu atividades que se iam tornando possíveis com os avanços técnicos e científicos (telégrafos, ferrovias, higiene pública, minas, geodesia).[171] *El resultado es una Administración potente y eficaz, ordenada sobre principios organizativos simples, dotada de poderes operativos, prestadora de servicios de creciente importancia en la vida social, que ganará por todo ello un prestigio inmediato y una influencia creciente en la nueva sociedad.*[172]

Também Diogo Freitas do Amaral anota que, desde 1830, a Administração Pública experimentou alguma expansão por toda a Europa (incluída a Inglaterra), não obstante em Portugal isso viesse a acontecer apenas depois da Regeneração, instituindo-se ali o Ministério das Obras Públicas (1851).[173] Ainda, Vilar Palasí e Vilar Ezcurra nos falam sobre a criação do Ministério do Fomento na Espanha em 1832, destacando que o sentido da palavra *fomento* era mais amplo que o que hoje se atribui à expressão. Designava não apenas a promoção da atividade privada (especialmente de natureza econômica), como também a prestação de serviços de saúde, educação e assistência, anteriormente a cargo da Igreja.[174]

Mas, sendo o Estado Liberal do século XIX um Estado engendrado de acordo com os interesses da classe que se tornava dominante, a chamada classe burguesa, não deixou a Administração Pública de prestar auxílio à atividade econômica, notadamente por meio de serviços de infra-estrutura.[175] A Administração Pública era,

---

[170] CADART, Jacques. *Institutions Politiques et Droit Constitutionnel.* Paris: Economica, 1990, v. 1, pp. 99 e 100.

[171] GARCÍA DE ENTERRÍA, Eduardo. La Revolución Francesa y la Formación del Derecho Público. In: PASTOR, Reyna *et al. Estructuras y Formas del Poder en la Historia.* Salamanca: Universidad de Salamanca, 1991, pp. 173-4.

[172] Ibid., p. 174.

[173] AMARAL, Diogo Freitas do. *Curso de Direito Administrativo.* Coimbra: Almedina, 2001, v. 1, p. 78.

[174] VILLAR PALASÍ, Jose Luis; VILLAR EZCURRA, Jose Luis. Ob.cit., p. 52.

[175] Conforme explica Santamaria Pastor (ob.cit., p. 63), a classe burguesa demandava *una Administración robusta y enérgica, que procediese a la creación de las infraestructuras y servicios necesarios para potenciar la actividad económica (carreteras, canales, ferrocarriles, educación).*

como no Estado Absolutista, centralizada,[176] e isso igualmente correspondia a uma exigência da nova classe dominante, interessada em que a Administração se tornasse eficiente no sentido de resolver os problemas que impediam a formação do mercado nacional.[177] Note-se, pois, que a Administração Pública, conquanto orientada pelos ideais liberais, servia, então, de maneira bastante ativa à concretização do projeto da classe burguesa, no que não se pode deixar de ver uma clara contradição.[178]

De toda sorte, permanece lícito afirmar que a Administração Pública era reputada uma entidade agressiva e potencialmente lesiva aos direitos individuais, surgindo o princípio da legalidade, nesse quadro, como a melhor forma de defesa do cidadão, ao possibilitar que o Estado se relacionasse com a sociedade por meio da lei geral e abstrata.[179] Sucede que o controle da legalidade administrativa não se efetivava por meio dos órgãos judiciários, e sim da própria Administração. Na França, país que influenciou o desenvolvimento do Direito Administrativo dos países da Europa continental, a separação dos poderes levou à implantação de um contencioso administrativo paralelo à judicatura, exacerbando-se a idéia de que um poder não poderia intervir no outro. Ao Judiciário ficou vedada a apreciação dos litígios surgidos entre os particulares e a Administração Pública, devendo essas questões ser resolvidas na própria instância administrativa. Paradoxalmente, foi esse sistema que impulsionou de imenso modo a concepção e o desenvolvimento do Direito Administrativo francês e, por conseqüência, do Direito Administrativo contemporâneo.[180] Foi notável, com efeito, a evolução dessa nova

---

[176] Salienta Vasco Pereira da Silva que a *organização administrativa do Estado liberal pode ser caracterizada pela concentração e centralização. Enquanto segundo momento da evolução do Estado, o Estado liberal vai herdar do seu antecessor, o Estado absoluto, a organização centralizada do poder* (SILVA, Vasco Pereira da. *Em Busca do Acto Administrativo Perdido.* Coimbra: Almedina, 1998, p. 40).

[177] Cfe. SANTAMARIA PASTOR, Juan Alfonso. Ob.cit., p. 63.

[178] Observe-se o que diz Santamaria Pastor em exame sobre esse período: *Parece evidente, a la vista de la exposición que precede, que los movimientos liberales alojaban en su seno una fundamental contradicción entre principios e intereses en torno a la configuración del Estado: - los grandes principios de la Revolución, de un lado (libertad, garantía de los ciudadanos, legalidad, división de poderes), estaban dirigidos a conseguir una limitación efectiva del poder estatal: concretamente del llamado poder ejecutivo; - el interés de la nueva clase dominante y la propia dinámica del proceso político alumbran, sin embargo, un poder mucho más robusto y temible que el del Estado absoluto que los revolucionarios de la primera hora pretendían embridar; - el resultado dialéctico de esta contradicción habría de venir por la vía de las soluciones intermedias, de los compromisos en el funcionamiento de los diversos centros del poder del Estado. Uno de estos compromisos – quizás el más importante y duradero – sería el relativo a la Administración. Sus términos afectan a dos de los principios cruciales de la Revolución: los de la legalidad y garantía judicial de los ciudadanos, así como el proceso de juridificación del poder público. Su resultado es lo que conocemos con el nombre de régimen administrativo* (ibid., p. 66).

[179] Cfe. SILVA, Vasco Pereira da. Ob.cit., pp. 42-3 e 48.

[180] Cfe. WEIL, Prosper. *El Derecho Administrativo.* Madrid: Taurus, 1966, pp.17 e ss.

disciplina por obra da jurisdição administrativa francesa, na qual se viram reafirmar, por diversas vezes, ideais revolucionários como liberdade e legalidade.[181] Também a construção da dogmática administrativa ali teve lugar, destacando-se a elaboração do conceito de ato administrativo.[182] Assim, o labor da jurisdição administrativa levou à autonomização e à sistematização do Direito Administrativo.[183]

Teremos ocasião, no próximo capítulo, de examinar com maior detença o sistema francês da jurisdição administrativa. Basta, por ora, fixar que ele desempenhou papel determinante na construção do Direito Administrativo já no século XIX, época de predomínio do modelo liberal-individualista. É que o progresso do Direito Administrativo, desde que rigorosamente adstrito aos princípios da limitação do poder estatal e da proteção à liberdade do indivíduo, vinha ao encontro das pretensões liberais, dentre elas a da separação entre Estado e sociedade civil.[184]

Impõe-se lembrar, finalmente, que a classe burguesa, à medida que consolidava sua posição, deixava para trás a parte que menos lhe interessava da bandeira revolucionária. Havendo lutado, outrora, contra o Absolutismo, invocando os ideais da liberdade, da igualdade e da fraternidade, de modo a unir aos seus interesses a irresignação das camadas menos favorecidas, passava, agora, a privilegiar a liberdade em desfavor da igualdade.[185] Nesse rumo, com a industrialização, a urbanização e o aumento demográfico, viria a

---

[181] Cfe. GARCÍA DE ENTERRÍA, Eduardo. La Revolución..., pp. 174 e ss.

[182] *O "milagre" da criação jurisprudencial do Direito Administrativo implicou ainda que a conformação das principais noções jurídico-administrativas, de entre elas sobressaindo a figura do acto administrativo, fosse, também ela, uma tarefa da jurisprudência* (SILVA, Vasco Pereira da. Ob.cit., p. 44). Noutro ponto, esclarece o autor: *Acto e contencioso administrativo encontram-se, portanto, intimamente ligados. E se, como veremos, a decantação do conceito de acto administrativo vai ser fruto do labor da doutrina jurídico-administrativa, esta sua primeira dimensão contenciosa continuará a ser decisiva* (ibid.). Ainda, sobre a matriz liberal do conceito de ato administrativo, prossegue: *No Estado liberal, o conceito de acto administrativo que emerge do contencioso administrativo apresenta, portanto, uma "função dupla" (ironizando, eu diria, uma vez mais, que faz "jogo duplo", qual "espião que veio do frio"). Por um lado, ele é visto como um "privilégio da Administração", manifestação do poder administrativo no caso concreto, um acto unilateral cujos efeitos são susceptíveis de ser impostos aos particulares por via coactiva. Por outro lado, ele constitui um instrumento de garantia dos particulares, na medida em que abre a via de acesso à Justiça, permitindo a defesa dos privados relativamente às actuações administrativas lesivas dos seus direitos. Assim, a noção de acto administrativo do Estado liberal (à semelhança, aliás, do próprio contencioso, que funcionou como o seu berço) apresenta-se, simultaneamente, como manifestação do poder administrativo e instrumento de garantia dos particulares* (ibid., pp. 45-6).

[183] Cfe. DUPUIS, Georges; GUÉDON, Marie-José; CHRÉTIEN, Patrice. Ob.cit., p. 13.

[184] Cfe. SOARES, Rogério. *Direito Público e Sociedade Técnica.* Coimbra: Atlântida, 1969, pp. 40-1.

[185] Cfe. WOLKMER, Antonio Carlos. *Ideologia, Estado e Direito.* São Paulo: Revista dos Tribunais, 1989, pp. 114-5.

se formar, nas últimas décadas do século XIX, uma grande massa de miseráveis assalariados.[186] Advirta-se, em tempo, que o Estado Liberal do século XIX era um Estado censitário, no qual os cidadãos em pleno gozo dos direitos políticos contavam um número pequeno.[187]

3.2. A FASE DE PREDOMÍNIO DO MODELO SOCIAL-INTERVENTIVO

Havendo sido priorizada, no século XIX, como se viu, a liberdade em detrimento da igualdade, sobrevém, no século XX, o modelo social-interventivo justamente para responder às expectativas sociais inatendidas. Principia, então, nova etapa do Estado de Direito, mantendo-se como valores fundamentais a liberdade do indivíduo, a limitação do poder estatal e a soberania popular.[188] Consoante afirma Diogo Freitas do Amaral, a passagem do século XIX ao século XX representa uma transição do Estado Liberal de Direito ao Estado Social de Direito, destinando-se este a promover o desenvolvimento econômico e o bem-estar social, sem abrir mão do legado liberal no que se refere à subordinação do poder ao direito.[189] Trata-se, como diz Jorge Miranda, de articular os direitos tradicionais com os direitos sociais, a igualdade jurídica com a igualdade social, a segurança jurídica com a segurança social, como também de estabelecer uma recíproca implicação entre liberalismo político e democracia.[190] O século XX, aliás, não obstante os fenômenos de autoritarismo que conheceu, lograria ver conquistados o voto feminino e o sufrágio universal.

Tenha-se em conta, porém, que já se vislumbrava a formação do modelo social-interventivo no final do século XIX com a edição da legislação alemã sobre relação de trabalho e seguridade social.[191] Mas a necessidade de intervenção estatal se fez realmente sentir com o deflagrar da I Grande Guerra,[192] sendo os desequilíbrios sociais e econômicos gerados pelo conflito determinantes à constituição do modelo estatal intervencionista, teorizado por John Maynard Keynes.[193] De

---

[186] Cfe. SANTAMARIA PASTOR, Juan Alfonso. Ob.cit., pp. 69 e 70.

[187] Cfe. GIANNINI, Massimo Severo. *Derecho Administrativo*. Madrid: MAP, 1991, p. 68.

[188] Cfe. MIRANDA, Jorge. Ob.cit., pp. 95-6.

[189] AMARAL, Diogo Freitas do. Ob.cit., p. 84.

[190] MIRANDA, Jorge. Ob.cit., p. 96.

[191] Cfe. ROSANVALLON, Pierre. *La Crisis del Estado Providencia*. Madrid: Civitas, 1995, pp.145-6.

[192] Cfe. CADART, Jacques. Ob.cit., p. 100.

[193] KEYNES, John Maynard. *The General Theory of Employment, Interest and Money*. London: Macmillan, 1951, com primeira publicação em 1936.

acrescentar a pressão exercida pela propagação das idéias socialistas, tudo a exigir que o Estado interviesse, cada vez mais, em novos domínios.

Assim foi que instituiu, no terreno da seguridade, os seguros para os casos de doença, velhice, acidentes de trabalho. Nos campos da assistência e do fomento, concedeu subvenções às pessoas e às empresas. Com a crise de 1929, buscou evitar o desemprego, as quebras, o prejuízo dos poupadores nos estabelecimentos financeiros.[194] Depois, o Estado, ele mesmo, se tornou empresário: criou empresas e absorveu outras.[195] Na França, por exemplo, o processo de estatização se iniciou em 1937, com a passagem dos caminhos de ferro e da indústria aeronáutica às mãos do Estado, verificando-se nova onda de estatizações nos anos de 1945 e 1946 tanto na França como na Inglaterra.[196] Nessa senda, julgou-se, por fim, de maneira bastante otimista, que o Estado poderia dirigir a economia, corrigindo todas as situações produtoras de crises.

O modelo social-interventivo se desenvolveu, portanto, ao longo do século XX, à medida que surgiam os problemas e as dificuldades que marcaram tal período. Evidente, por outro lado, que esse processo teve lugar apenas porque se passou a ver o Estado como uma entidade capaz de resolver as questões mais relevantes para a sociedade.[197] Foi decorrência de uma mudança de visão, explicitada mediante a atribuição de novos fins ao Estado, de novos objetivos,

---

[194] Cfe. CADART, Jacques. Ob.cit., p. 100.

[195] Cfe. DUPUIS, Georges; GUÉDON, Marie-José; CHRÉTIEN, Patrice. Ob.cit., p. 14.

[196] Cfe. CADART, Jacques. Ob.cit., pp. 100-2. Esse processo, na arguta análise de Jean Rivero, consistiu, de uma parte, na intensificação de tarefas que já eram realizadas pelo Estado: *A defesa nacional, num Estado moderno, implica um controlo permanente sobre largos sectores da indústria; as comunicações, domínio tradicional do Estado, reduzindo-se outrora às "pontes e calçadas", acrescentam, depois da estrada, o caminho de ferro, o transporte aéreo, o transporte de energia, as redes de telecomunicações. Mesmo quando faz "a mesma coisa" que o Estado do século XIX, o Estado moderno é levado a estender consideravelmente a sua acção.* De outra parte – segue o autor –, consistiu na atribuição de novas tarefas ao Estado: *Mais decisiva ainda de que a extensão das tarefas tradicionais é o aparecimento de tarefas inteiramente novas: é todo o desenvolvimento dos serviços económicos e sociais.* (RIVERO, Jean. *Direito Administrativo.* Coimbra: Almedina, 1981, pp. 31-2).

[197] Cfe. SILVA, Vasco Pereira da. Ob.cit., p. 74. Segundo Zippelius, percebeu-se que *na sociedade industrial pluralista são sempre necessárias regulações estatais. Devem traçar limites ao egoísmo e ao ímpeto de desenvolvimento dos indivíduos para que a liberdade de uns não interfira em medida insuportável com a liberdade dos outros. Sobretudo no conflito entre interesses organizados, elas devem providenciar permanentemente para que haja harmonização adequada das necessidades e que nos sectores mais diversos se mantenham oportunidades equitativas para todos. Devem intervir nos casos onde a economia de mercado estiver em vias de ameaçar ela própria as condições de uma mercado livre, ou onde estiver a causar prejuízos consideráveis à economia nacional ou ao meio ambiente. Além de regulações meramente intervencionistas são também necessárias prestações positivas no quadro da previdência social do Estado a fim de satisfazerem de forma adequada importantes necessidades vitais* (ZIPPELIUS, Reinhold. *Teoria Geral do Estado.* Fundação Calouste Gulbenkian, Lisboa, 1997, Ob.cit., p. 381).

manifestados desde as Constituições Mexicana (1917) e Alemã (1919), verdadeiros emblemas de uma nova era, precursoras do reconhecimento constitucional dos direitos sociais.

Seguindo essa tendência, Estados constitucionais reconheceram direitos sociais aos cidadãos, assumindo, para si, um novo conjunto de deveres e metas. Providenciar o seu cumprimento importava a realização de políticas públicas, disso resultando o fortalecimento da Administração.[198] Privilegiou-se, em vez da função legislativa, a função administrativa, dela dependendo a realização das políticas públicas e a concretização dos direitos sociais.[199] O enfrentamento da *questão social* pelo Estado exigiu a expansão do aparelho administrativo, não mais visto, então, como agressivo, e sim como promovedor.[200] Daí falar-se, igualmente, em Estado de Bem-Estar ou Estado Providência.

Santamaria Pastor identifica, junto à expansão do aparelho estatal e ao alargamento da função administrativa, uma terceira conseqüência nesse processo, a crescente interpenetração entre Estado e sociedade civil, pois, se *en el régimen liberal, Estado y Sociedad eran concebidos como sistemas autónomos, conexos por un número limitado de relaciones y dotados de un ordenamiento jurídico propio y distinto (Derecho público-Derecho privado); hoy día, en cambio, la creciente intervención del Estado há solapado e interrelacionado ambos sistemas, haciendo prácticamente imposible, en muchos aspectos, su diferenciación.*[201]

Nos países desenvolvidos, ainda que em graus variados, o modelo social-interventivo parece ter gerado frutos, ensejando uma significativa melhora na qualidade de vida da população.[202] O mesmo não se pode afirmar, todavia, quanto aos países ditos em desenvolvimento, onde o modelo não logrou atingir suas metas, produzindo, ao revés, uma série de distorções, como, *v.g.*, o endividamento excessivo.

Observemos o caso do Brasil. Em nosso país, o enfrentamento da questão social deslanchou na Era Vargas (1930), com o que se pode denominar *revolução pelo alto*, frente a uma sociedade civil desarticulada e regionalista.[203] Foi encetado, então, um projeto interventivo autoritário, que viria trazer crescimento econômico e

---

[198] Cfe. SANTAMARIA PASTOR, Juan Alfonso. Ob.cit., p. 71.

[199] Ibid.

[200] Cfe. SILVA, Vasco Pereira da. Ob.cit., p. 74.

[201] SANTAMARIA PASTOR, Juan Alfonso. Ob.cit., p. 71.

[202] Cfe. SILVA, Vasco Pereira da. Ob.cit., p. 123.

[203] Cfe. WOLKMER, Antônio Carlos. *Constitucionalismo e Direitos Sociais no Brasil*. São Paulo: Acadêmica, 1989, p. 40.

modernização sociopolítica ao País, transformando uma sociedade regionalista e oligárquica numa sociedade urbana.[204] O período transcorrido entre 1930 e 1943 se notabilizou pela criação de institutos de aposentadorias e pensões, como também pela instituição da legislação trabalhista. Houve alterações nas políticas de saúde e educação, com a centralização de recursos e instrumentos de atuação. Depois, o período de 1945 a 1964 se caracterizou pela expansão da estrutura administrativa nas áreas de saúde, educação, assistência social e habitação, e pela ampliação do alcance do sistema de proteção social criado entre 1930 e 1943, que, entretanto, se manteve seletivo e fragmentado. Novo período teve início a partir de 1964, com uma reestruturação ampla da organização administrativa, verificando-se, na área social, uma expansão massiva (políticas de massa), que iria manifestar esgotamento no final da década de 1970.[205]

Outrossim, anota Sônia Draibe que o Estado brasileiro não se propôs a enfrentar, prioritariamente, a questão da desigualdade, no sentido de uma redistribuição vertical da renda, mantendo-se insuficiente o nível mínimo a todos garantido.[206] Conforme esclarece, o objetivo principal do sistema brasileiro era, *no âmbito da seguridade social, a proteção do status já adquirido pelo trabalhador contra os riscos do declínio social (presente ou futuro). Mas também aqui, seja pela forma de financiamento do sistema, pelas iniqüidades que abriga, seja finalmente pelos baixos valores dos benefícios e o aviltamento histórico das aposentadorias e pensões, mesmo esse objetivo dificilmente é atingido.*[207]

Em meticuloso estudo, Sônia Draibe examina esses e outros problemas do sistema social brasileiro, concluindo:

> *As conhecidas distorções do nosso Estado de Bem-Estar Social tornam-se mais inteligíveis quando postas no seu efetivo quadro de fundo, isto é, o caminho conservador de "progresso" social trilhado pelo capitalismo brasileiro. Com isso estamos querendo dizer que: o desenvolvimento econômico rápido provocou uma acelerada e profunda transformação na estrutura social; esta traduz-se em uma mudança na estrutura de emprego, que se expressa socialmente em um processo de mobilidade social ascendente; por outro lado, vigoram baixos salários para amplos contingentes de trabalhadores, ao mesmo tempo em que milhões permanecem subempregados nas cidades ou inteiramente marginalizados no campo.*

---

[204] Ibid., pp. 40-1.

[205] Cfe. DRAIBE, Sônia Miriam. O *Welfare State* no Brasil: Características e Perspectivas. *Ciências Sociais Hoje 1989*. São Paulo: Vértice/ANPOCS, 1989, p. 31.

[206] Ibid., p. 36.

[207] Ibid.

O processo social assume, portanto, a forma de mobilidade, com miséria absoluta de ampla parcela da população, de mobilidade com desigualdade extrema. O progresso social entre nós realiza-se quase que preenchendo integralmente os requisitos da "forma ideal" de desenvolvimento social do capitalismo, a concorrência sem travas entre homens livres, que "seleciona" os "mais capazes" e inibe a integração e incorporação de amplas camadas da população.

Ora, essa situação é inteiramente distinta do quadro histórico do Welfare State dos países desenvolvidos. Como se sabe, as políticas sociais de bem-estar social surgem simultaneamente a uma situação de pleno-emprego que, acompanhada de uma subida persistente do salário real, eleva os níveis de vida da esmagadora maioria da população. Aqui não. Para uma grande maioria, os salários são baixos e para uma parte expressiva não há empregos regulares.[208]

Oportuno consignar, enfim, que, entre os problemas analisados pela autora, aparece o da tradição clientelista do nosso sistema político-administrativo, a dificultar, por igual, o êxito das políticas sociais.[209] Esse aspecto nos remete ao item 3.4, no qual comentaremos alguns dos problemas ligados à questão da moralidade no Brasil. Antes, porém, examinaremos a crise do modelo social-interventivo.

3.3. A CRISE DO MODELO SOCIAL-INTERVENTIVO

Abstraindo as disparidades observadas entre os países dos chamados Primeiro e Terceiro Mundos, torna-se possível afirmar que ocorreu, ao longo do século XX, uma progressiva afirmação do modelo social-interventivo, até que, na década de 1970, ele entrasse em declínio. Superados, naquela oportunidade, os choques no preço do petróleo, começaram os países desenvolvidos a questionar o papel do Estado, tomando corpo a opinião de que a sua intervenção era, às vezes, menos benéfica que a sua abstenção, e que, em certos casos, melhor seria deixar atuar a força dos atores econômicos e sociais. Ressurgia, desse modo, o velho postulado liberal de que a intervenção estatal representava um óbice ao exercício benéfico da liberdade.[210]

---

[208] Ibid., p. 40.

[209] Ibid., pp. 34 e ss.

[210] Cfe. CADART, Jacques. Ob.cit., p. 105.

A ocasião era de esgotamento de uma fase de prosperidade que se havia iniciado após a II Guerra Mundial. Chegava ao fim a ilusão do desenvolvimento ilimitado, passando a inquietar, sobremodo, os problemas fiscal e financeiro.[211] Somem-se a isso os fatores, tão bem sintetizados por Vasco Pereira da Silva, que são: a) a expansão estatal nem sempre acompanhada do aumento do bem-estar individual, mas, sim, do crescimento desmesurado da burocracia, tornando-se a Administração um aparelho pesado e moroso; b) o aumento constante das contribuições dos indivíduos ao Estado em desproporção às prestações recebidas, disso resultando um sentimento de desconfiança e insatisfação dos particulares; c) o risco de menor imparcialidade do Estado, que, deixando a posição clássica de separação e superioridade em relação à sociedade, perde o seu distanciamento e *cede com frequência à tentação do "baixo negócio" (corrupção e compadrio)*; d) o alheamento dos cidadãos diante dos fenômenos políticos, agravado pela desideologização resultante da derrocada do modelo comunista e do desaparecimento da divisão do mundo em blocos antagônicos, como também pelo surgimento de novos temas como qualidade de vida e defesa do meio-ambiente.[212]

Nesse contexto, instaurou-se um amplo debate, atraindo políticos, economistas, juristas, etc. A posição liberal, com o auxílio dos meios (ou, acaso se queira, do poder) de comunicação, parece ter levado a melhor, sensibilizando, em diversos países, a maioria da população (e dos eleitores). Principiou, com isso, um movimento de redução das competências estatais, na esteira do exemplo inglês, protagonizado por Margaret Thatcher a partir de 1979, e do norte-americano, com Ronald Reagan a partir de 1981.[213] Muito rapidamente, a desregulação, a desburocratização, a desmonopolização e a privatização já não eram apenas bandeiras inglesas ou norte-americanas. O mote passou a ser a eficiência, muito ao gosto da cultura econômica.[214] Era o triunfo do mercado, com privatizações por toda

---

[211] Cfe. PELLICER, Jose A. Lopez. *Lecciones de Derecho Administrativo*. Murcia: Diego Marín, 1998, v. 2 (1), pp. 21 e ss.

[212] SILVA, Vasco Pereira da. Ob.cit., pp. 122-3.

[213] Cfe. CADART, Jacques. Ob.cit., pp. 105-6.

[214] Para Maria João Estorninho, o *alargamento desmesurado da actividade administrativa de prestação conduziu à sobrecarga e à ineficiência da Administração Pública e, assim, tal como o náufrago procura, a todo custo, agarrar-se "à tábua de salvação", a Administração Pública procura hoje desesperadamente reencontrar a eficiência, nomeadamente através de fenómenos de privatização e de revalorização da sociedade civil* (ESTORNINHO, Maria João. Ob.cit., pp. 47-8). No Brasil, emendou-se a Constituição, nela inserindo o princípio da eficiência (art. 37, *caput*, da CF, com a EC n° 19/98), embora ele já se impusesse, segundo a doutrina, como um dever do administrador (Cfe. MEIRELLES, Hely Lopes. *Direito Administrativo Brasileiro*. São Paulo: Malheiros, 1992, p. 90).

parte, sendo a *propiedad pública de los medios de producción visualizada no como un instrumento de liberación sino de alienación.*[215]

Obviamente que o fenômeno assumiu, em cada país, contornos distintos, muito em razão de seus diferentes estágios de desenvolvimento. No caso dos países do Terceiro Mundo, importa considerar que não se haviam cumprido as promessas do modelo social-interventivo, fato que agregou tons de crueldade ao processo de enxugamento do Estado e de corte nas prestações públicas. Além disso, a intervenção estatal havia gerado, nesses países, não somente as dificuldades sintetizadas por Vasco Pereira da Silva, mas também o problema do endividamento excessivo. O que inicialmente se tinha caracterizado como ajuda externa para financiamento das políticas públicas e da intervenção direta do Estado na economia se tinha transformado, mais tarde, em perversa dívida externa. O endividamento havia deixado de ser conjuntural para se tornar estrutural, de modo que fatalmente se caminharia para uma situação em que as receitas fiscais seriam insuficientes para cobrir, ao mesmo tempo, o financiamento das políticas públicas (o que já eram antes) e o pagamento dos serviços da dívida.[216] Em realidade, os juros de uma dívida impagável terminaram por absorver toda a capacidade de investimento e desenvolvimento desses países – um drama que igualmente acomete o Brasil, com peculiaridades que não nos cabe, neste espaço, examinar.

Não sendo isso o bastante, figura, nos países ditos em desenvolvimento, como mais um ingrediente da crise, o problema da corrupção, que também está presente, é claro, nos países desenvolvidos. Ocorre simplesmente que ele se verifica de modo mais intenso nos países do Terceiro Mundo, onde os mecanismos de controle da Administração Pública são, por vezes, muito frágeis e, pior, onde os desvios de verbas públicas caracterizam uma apropriação de recursos indispensáveis à garantia do mínimo à população.

Mas, é certo, tanto países do Primeiro como do Terceiro Mundo hoje se ressentem do problema da corrupção, causa importante da falta de credibilidade do Estado na crise do modelo social-interventivo, em que se questiona a aptidão do poder público para solver os

---

[215] GORDILLO, Agustín. Ob.cit., p. IV-40. Ainda, Rolf Kuntz, abordando o problema da igualdade, dispara: *Com a onda neoliberal, e depois com a desagregação do Leste europeu, o problema quase sumiu da pauta conservadora. Foi o triunfo ideológico do mais bronco darwinismo econômico. Derrubado o muro de Berlim, proclamou-se a falência do marxismo e de toda política "estatizante e intervencionista". Gente pouco afeita a folhear livros sem figurinhas julgou-se em condições, de uma hora para outra, de mencionar com desprezo o nome de Keynes* (KUNTZ, Rolf. A Descoberta da Igualdade como Condição de Justiça. In: FARIA, José Eduardo (org.). *Direitos Humanos, Direitos Sociais e Justiça.* São Paulo: Malheiros, 1998, p. 144).

[216] Cfe. GORDILLO, Agustín. Ob.cit., pp. IV-13 e ss.

problemas que afligem a população. Veremos, de fato, no próximo tópico, que a corrupção desperta uma grande inquietação, cuja força se nos impõe captar, pois que haverá de se projetar em nossa compreensão sobre o princípio da moralidade administrativa.

3.4. A CORRUPÇÃO E A QUESTÃO DA MORALIDADE NA CRISE DO MODELO SOCIAL-INTERVENTIVO

Desponta, com efeito, nesse ambiente de crise e de desconfiança em relação à capacidade estatal para administrar os interesses gerais, a corrupção como um dos graves problemas a enfrentar. Não se cuida, é verdade, de problema novo ou específico da crise do modelo social-interventivo, cumprindo lembrar, a título de exemplo, que já em Roma se editou a *lex de repetundis* para responsabilizar o funcionário corrupto.[217] Tomemos, ainda assim, a corrupção como um problema a ser enfrentado, por todos nós, na crise do modelo estatal social-interventivo.[218]

Sabemos que a corrupção atinge, em níveis diferenciados, tanto países desenvolvidos como em desenvolvimento, registrando-se, por toda parte, um grande número de casos.[219] No âmbito das relações comerciais internacionais, *v.g.*, países exportadores do Primeiro Mundo vinham autorizando, até bem pouco tempo atrás, o pagamento de comissões a funcionários dos países importadores, sendo que a despesa com essas comissões podia ser deduzida de impostos a pagar, tudo em nome da competitividade, segundo nos informa Pierre Abramovici. Em artigo publicado no jornal *Le Monde Diplomatique* em novembro de 2000, Abramovici relata que a França, enfrentando um déficit comercial crônico, na década de 1970, em razão da alta no preço do petróleo, e visando impulsionar suas exportações, legalizou o pagamento de comissões aos funcionários dos países

---

[217] Cfe. FREITAS, Juarez. Do Princípio da Probidade Administrativa e de sua Máxima Efetivação. *Revista de Direito Administrativo*, Rio de Janeiro, n. 204, abr./jun. 1996, p. 66. Sobre a corrupção como fenômeno social e político observado na história, consulte-se FERREIRA FILHO, Manoel Gonçalves. A Corrupção como Fenômeno Social e Político. *Revista de Direito Administrativo*, Rio de Janeiro, n. 185, jul./set. 1991, p. 1 e ss.

[218] Considere-se *corrupção* como utilização indevida de um poder conferido por outrem, *i.e.*, utilização em benefício de quem recebe o poder e/ou de terceiro, e não de quem o confere. Implica, portanto, deslealdade, podendo-se verificar tanto em instituições públicas como privadas (cfe. GODOY, Alfonso Sabán. *El Marco Jurídico de la Corrupción*. Madrid: Civitas, 1991, pp. 13 e ss.). Mais comum, todavia, é o emprego do vocábulo *corrupção* para designar o fenômeno quando ocorrido no seio das instituições do Estado. É nesse sentido que empregamos tal vocábulo ao longo deste estudo.

[219] Veja-se, para tanto, o *Global Corruption Report 2001*, da TRANSPARÊNCIA INTERNACIONAL, disponível no banco de dados http://www.transparency.org. Acesso em 10 dez. 2001.

importadores, no que se viu seguida por outros países europeus, como a Alemanha.[220] Significava que a corrupção, desde que praticada fora do território nacional, estava legalizada, permitindo-se até mesmo a declaração das despesas decorrentes dessas comissões para fins de dedução de impostos, conforme denunciou, também, Peter Eigen, presidente da organização Transparência Internacional, no discurso de lançamento do *Corruption Perception Index 2001*, em Paris, no dia 27 de junho de 2001.[221]

Já as empresas norte-americanas, embora houvessem lançado mão do pagamento de comissões – leia-se suborno – na implementação de suas exportações, se defrontavam com a proibição do expediente desde 1977, quando foi editado o *Federal Corrupt Practices Act*. Os Estados Unidos, aliás, se têm mostrado bastante atuantes no cenário internacional, defendendo a proibição dessas comissões, levando alguns países europeus, como a França, a acusar os norte-americanos de estar apenas buscando diminuir a competitividade das empresas européias.[222]

Como quer que seja, aparece, hoje, a corrupção como um importante tema na agenda do debate internacional. Organizações como OCDE (Organização de Cooperação e Desenvolvimento Econômico), OEA (Organização dos Estados Americanos), FMI (Fundo Monetário Internacional) e Banco Mundial, que se mantiveram discretas frente ao problema até meados dos anos noventa, passaram a dedicar-lhe maior atenção. A corrupção mereceu destaque, por exemplo, no discurso do Presidente do Banco Mundial, James Wolfensohn, proferido em 1996 no encontro anual da instituição com o FMI em Washington.[223] Ao mesmo tempo, uma série de discussões ocorreu no âmbito da OCDE, disso resultando a *Convenção sobre o Combate da Corrupção de Funcionários Públicos Estrangeiros em Transações Comerciais Internacionais*, firmada na cidade de Paris em 1997, não sem reações contrárias de empresários dos países signatários. E, no plano regional, junto à OEA, firmou-se a *Convenção Interamericana contra a Corrupção* em 1996.[224]

---

[220] ABRAMOVICI, Pierre. Objectifs Economiques et Clientelisme: Les Jeux Dispendieux de la Corruption Mondiale. In: LE MONDE DIPLOMATIQUE: banco de dados. Disponível em: http://www.monde-diplomatique.fr. Acesso em 07 ago. 2001.

[221] Cfe. TRANSPARÊNCIA INTERNACIONAL: banco de dados. Disponível em: http://www.transparency.org. Acesso em 07 ago. 2001.

[222] Cfe. ABRAMOVICI, Pierre. Ob.cit.

[223] Ibid.

[224] Sobre a *Convenção Interamericana contra a Corrupção*, veja-se SAMPAIO, José Adércio Leite. A Probidade na Era dos Desencantos. Crise e Propostas de Restauração da Integridade Dogmática da Lei 8.429/92. In: SAMPAIO, José Adércio Leite *et al.* (Org.). *Improbidade Administrativa. 10 anos da Lei nº 8.429/92*. Belo Horizonte: Del Rey, 2002, pp. 158 e ss.

Recente, portanto, como se vê, o debate internacional sobre o problema da corrupção, havendo ainda um longo caminho a percorrer.[225] A simples existência de dois tratados, um internacional e outro regional, nada garante em matéria de efetividade, por remanescer pendente um número de questões, como âmbito de abrangência, ratificação, implementação, etc. Podemos, todavia, considerar que, no que respeita ao tratamento oficial dado às práticas corruptas, houve um avanço em relação ao quadro vigente até alguns anos atrás.[226]

Tem sido importante, em acréscimo, o trabalho realizado pela organização não-governamental *Transparência Internacional*, que, a par de outras atividades, publica indicadores e relatórios sobre a corrupção nos diferentes países. Tais documentos, ainda que sejam questionáveis quanto à fidelidade das informações que contêm, pelas dificuldades metodológicas implicadas, vêm alimentando sobejamente o diagnóstico da corrupção e o debate que em torno dela se trava.

De referir, também, o *Relatório Nolan*, estudo realizado no Reino Unido, nos anos de 1994 e 1995, por determinação do Primeiro Ministro, preocupado, então, segundo informa García de Enterría, com uma série de escândalos veiculados pelos meios de comunicação.[227]

---

[225] Note-se, porém, que, no âmbito das Nações Unidas, já se havia condenado o uso de práticas corruptas no ano de 1975, por meio da Resolução nº 3.514, de 15 de dezembro. Sobre esta e outras iniciativas tomadas no cenário internacional, veja-se SEÑA, Jorge F. Malem. *Globalización, Comercio Internacional y Corrupción*. Barcelona: Gedisa, 2000, pp. 88 e ss.

[226] Considere-se, por outro lado, que alguns pesquisadores verificam um agravamento do problema da corrupção na última década do século XX por força do fenômeno da globalização. Veja-se, nesse sentido, Jorge Seña, que faz a seguinte afirmação a partir de estudos da Comissão de Prevenção ao Delito e Justiça Penal das Nações Unidas: *Uno de los contextos más favorables para que surjan fonómenos corruptos es la existencia de asimetrías. Las asimetrías son diferencias que se producen a cualquier nivel, económico, cultural, político, social o jurídico. A nivel internacional, las asimetrías en muchos ámbitos son más profundas y más graves que a nível nacional. Según la Comisión de Prevención del Delito y Justicia Penal de Naciones Unidas, dichas asimetrías están conduciendo a la corrupción a través de mercados ilegales que operan mejor con la convivencia de las autoridades estatales. Como ejemplo de ello se señala las asimetrías legales existentes respecto de la banca o del sistema impositivo. Estas asimetrías invitan a las empresas a preferir ciertas jurisdicciones para realizar determinadas transacciones mercantiles porque ofrecen no únicamente mayores oportunidades económicas, sino también un escudo protector contra la investigación de las prácticas corruptas. Lo que constituye un delito en un país puede ser objeto de un gasto pasible de deducción en otro. (...) La globalización de la economía y los procesos de liberalización de la década de 1990 han aumentado las asimetrías – según el informe de dicha Comisión – en cantidad y calidad, a la vez que han generado una mayor conciencia de su existencia. "Por lo tanto, se puede esperar que sus efectos criminógenos sean más altos durante la década de 1990 de lo que fue con anterioridad... Todas estas razones sugieren que el problema de la corrupción puede ser todavía mayor ahora que antes".* Proceso de globalización, asimetrías y condiciones para la corrupción parecen seguir, en esse sentido, senderos paralelos (ibid., pp. 17-8). O estudo referido pelo autor é *La Acción de Naciones Unidas contra la Corrupción y el Soborno*, publicado pelas Nações Unidas em setembro de 1997.

[227] GARCÍA DE ENTERRÍA, Eduardo. *Democracia, Jueces y Control de la Administración*. Madrid: Civitas, 2000, pp. 85-6.

O Princípio da Moralidade Administrativa

Lord Nolan, magistrado encarregado da tarefa, constatou um fenômeno de erosão na confiança da população nos titulares dos cargos públicos, reputando indispensável e premente a restauração dessa confiança, por representar uma das chaves do sistema democrático.[228]

Luigi Ferrajoli, por igual, nos fala numa crise de legalidade, *expresa en la ausencia o en la ineficacia de los controles, y, por tanto, en la variada y llamativa fenomenología de la ilegalidad del poder.*[229] Mais adiante, acrescenta: *En Italia – pero me parece que, aunque en menor medida, también en Francia y en España – numerosas investigaciones judiciales han sacado a luz un gigantesco sistema de corrupción que envuelve a la política, la administración pública, las finanzas y la economía y que se ha desarrollado como una especie de Estado paralelo.*[230]

Outra não é a opinião de Alejandro Nieto sobre o problema na Espanha: *Los españoles sentimos que la corrupción nos rodea, que la política y la Administración, como la economía y la sociedad, están corrompidas hasta la médula; pero vivimos desconcertados sin lograr asumir lo que está pasando.*[231] No Brasil, parece que sentimos o mesmo, com a diferença, talvez, de haver resvalado na banalidade a consciência resultante das denúncias repercutidas nos noticiários do horário nobre.

Veja-se como, já no ano de 1987, em meio aos debates da Assembléia Nacional Constituinte, o Deputado Federal Adroaldo Streck se mostrava exasperado frente ao problema da corrupção. Sobre a construção da estrada de ferro Brasília-Açailândia/MA, o Deputado, em razão de denúncia veiculada em publicação de circulação nacional, assim se manifestava:

> O processo de decisão – diz a matéria da revista Veja – para a construção dessa obra se revela idêntico ao da década de 70, quando, sem nenhuma discussão ampla e sem projetos sérios, foram decididas, a portas fechadas, obras como a Rodovia Transamazônica, que até hoje não oferece condições de trafegabilidade, e a Ferrovia do Aço, um cemitério de concreto, em Minas Gerais, onde foram enterrados 2,2 bilhões de dólares – sem que a população brasileira tenha tomado conhecimento do que foi feito.[232]

---

[228] Ibid., p. 87.

[229] FERRAJOLI, Luigi. *Derechos y Garantías: La Ley del Más Débil*. Madrid: Trotta, 1999, p. 15.

[230] Ibid.

[231] NIETO, Alejandro. *Corrupción en la Espanha Democrática*. Barcelona, 1997, p. 8; *apud* PÉREZ, Jesús González. *La Ética en la Administración Pública*. Madrid: Civitas, 2000, p. 21.

[232] ASSEMBLÉIA NACIONAL CONSTITUINTE. *Anais*. Atas da 43ª a 58ª Sessão da Assembléia Nacional Constituinte. N. 3. Brasília, 1987, p. 1569.

Ilustrativa, pela mesma razão, a fala do Deputado Adylson Motta, como transcrita abaixo:

Sr. Presidente, Sras. e Srs. Constituintes, no nosso Projeto de Constituição, no Capítulo que trata da Administração Pública, tem havido uma manifesta vontade por parte dos Srs. Constituintes de estabelecer certas regras moralizadoras na Administração Pública. E quando se trata de funcionário público, então, esta Casa tem sido drástica em aplicar regras severas, até punindo, muitas vezes, os funcionários. No entanto quando se trata dos serviços da administração pública, não encontro essa mesma intransigência. Vou fazer uma referência Sr. Presidente. Considero o § 1º do art. 38 uma das coisas mais inteligentes, apropriadas, adequadas, oportunas que há nesse texto. Quando se propôs que: "A publicidade dos atos, programas, obras, serviços e campanhas dos órgãos públicos deverá ter caráter educativo, informativo ou orientação social, dela não podendo constar nomes, símbolos ou imagens que caracterizem promoção pessoal de autoridade ou servidores públicos." Parece-me que este é um dispositivo altamente saneador, moralizador, restaura a dignidade do Serviço Público e, por isso, deve persistir. Mas existem propostas de supressão – aliás quase todos os artigos as têm. O que me causa surpresa é que nos últimos dias isso se transformou em um assunto polêmico, inclusive dando motivo a que o Governador de São Paulo, pessoalmente, tenha telefonado para alguns Constituintes – e me parece que o Governador de Minas Gerais também – apelando para que não deixem constar esse dispositivo da Carta Magna. (...) Faço, entretanto, um apelo aos Srs. Constituintes para que não cedam, não transijam, não sejam condescendentes neste ponto porque estaremos dando um recuo; estaremos permitindo que continue essa orgia de gastos públicos que existe, hoje, no Brasil, em que qualquer administrador assume o seu cargo e não tem escrúpulos em esbanjar o dinheiro do contribuinte, em função da sua promoção pessoal (...).[233]

O dispositivo citado felizmente foi mantido (no § 1º do art. 37 da Constituição), junto a outros por meio dos quais se buscou dar novo rumo à Administração Pública em nosso País, dentre eles o do princípio da moralidade administrativa (art. 37, *caput*). Temos aí, portanto, um quadro normativo a projetar uma nova realidade, na qual a Administração Pública se coloca como um espaço privilegiado de gestão dos interesses gerais, e não dos interesses particulares de uns poucos, a se locupletar, isso sem falar no problema da ineficiência e do mau atendimento ao cidadão. Nossa perspectiva, em reali-

---

[233] Ibid. Atas da 322ª a 330ª Sessão da Assembléia Nacional Constituinte. N. 23. Brasília, 1988, p. 13040.

dade, é ampla, abrangendo não só a corrupção mas todo tipo de conduta praticada em desrespeito à noção de moralidade. Esclarecemos, sem adentrar, por ora, seu exame conceitual, que ela se vê frustrada com a prática de qualquer conduta em que o administrador deixa de observar o seu mister institucional. Referimo-nos, por isso, neste tópico, à *questão da moralidade* para abarcar, de maneira integral, a preocupação relacionada à imposição de padrões éticos à Administração, uma vez que a insatisfação dos particulares não diz apenas com a malversação do dinheiro público e o locupletamento do administrador; diz também com o mau atendimento que muitas vezes lhes confere a Administração Pública, atuando com desrespeito, deslealdade ou má-fé.

Nossa intenção, pois, foi captar a força dessa preocupação, relacionada à necessidade de impor padrões éticos à Administração, o que fizemos de modo meramente ilustrativo, sem a pretensão de oferecer um diagnóstico completo do problema. Os elementos recolhidos poderão, assim, integrar e ampliar nosso horizonte de sentido no momento de definir o significado do princípio da moralidade administrativa. Vejamos, antes, como aconteceu a elaboração da noção de moralidade administrativa no direito francês e a incorporação dessa noção no direito brasileiro.

4. A elaboração da noção de moralidade administrativa no direito francês e a sua recepção no direito brasileiro

Considerando que o princípio da moralidade administrativa evoluiu, em nosso sistema, a partir da idéia inicial de Maurice Hauriou e dos demais aportes da doutrina francesa, como se observará, desenvolvemos, neste capítulo, um estudo sobre a elaboração da noção de moralidade administrativa no direito francês, para, em seguida, verificar como ocorreu a recepção dessa noção no direito brasileiro. Mantemos, ainda aqui, como em toda a segunda parte do trabalho, uma orientação direcionada para conteúdos históricos, sendo nosso objetivo recuperar e compreender como se formaram os elementos conceituais que, na terceira parte, integrarão, aí sim, a elaboração conceitual do princípio da moralidade administrativa enquanto imperativo constitucional expresso em nosso ordenamento.

4.1. O *CONSEIL D'ETAT* E A CONTRIBUIÇÃO DA DOUTRINA FRANCESA

Preambularmente, cabe recordar que a França adota o chamado contencioso administrativo, por ela erguido na Revolução Francesa como manifestação do princípio da separação dos Poderes.[234] Com efeito, a Lei sobre organização judiciária de 16-24 de agosto de 1790 determinou a separação entre as autoridades administrativas e judiciárias, estabelecendo que os juízes não poderiam perturbar, de ne-

---

[234] Tenha-se presente, no entanto, como diz Vasco Pereira da Silva, que o contencioso administrativo francês é *fruto da combinação de novas idéias liberais com velhas receitas do Antigo Regime (...); que a criação do Conselho de Estado, exercendo funções em matéria de contencioso administrativo, se filia directamente numa outra instituição, o Conselho do Rei, existente no Antigo Regime; que existe uma certa relação de continuidade, ao nível da técnica jurídica, entre o período da Antigo Regime e o período pós-revolucionário* (SILVA, Vasco Pereira da. *Em Busca do Acto Administrativo Perdido.* Coimbra: Almedina, 1998, p. 13).

nhuma forma, as atividades dos órgãos administrativos, nem citar para comparecer em juízo esses mesmos órgãos por fatos ligados às suas funções.[235] Tal vedação foi percebida, naquele momento, como uma conseqüência natural do princípio da separação dos Poderes, notadamente dos Poderes Judiciário e Executivo,[236] ao que se deve somar a desconfiança que os revolucionários nutriam pela classe dos juízes, temendo que ela viesse interferir nos rumos dados pela Revolução.[237]

Surgiu, em resultado, um contencioso administrativo, no qual o próprio administrador julgava as irresignações dos administrados, evoluindo-se, com o tempo, ante a percepção de que não se poderia reunir na mesma pessoa as figuras de julgador e parte, para um modelo composto por órgãos especialmente destinados à função de julgar os litígios administrativos, *i.e.*, para uma jurisdição administrativa.[238] O *Conseil d'Etat* (Conselho de Estado), que desempenhava, no primeiro momento, só a atividade de aconselhamento do governo, se tornou, após algumas reformas, órgão máximo da estrutura jurisdicional administrativa. Com esse formato, permanece hoje o contencioso administrativo institucionalmente ligado ao Poder Executivo, independente, entretanto, da Administração ativa.[239]

É notável, por tudo isso, que justo a França tenha sido responsável pela construção de grande parte do Direito Administrativo contemporâneo, como tivemos ocasião de registrar no capítulo anterior. Tal construção foi eminentemente jurisprudencial, atribuída quase

---

[235] Veja-se o que dizia a Lei: *Les fonctions judiciaires sont distinctes et demeureront toujours séparées des fonctions administratives. Les juges ne pourront à peine de forfaiture, troubler de quelque manière que se soit les opérations des corps administratifs ni citer devant eux les administrateurs pour raison de leurs fonctions.* A mesma proibição se viu reafirmada no Decreto de 16 do *fructidor* do ano III, com o seguinte texto: *Défenses itératives sont faites aux tribunaux de connaître des actes d'administration de quelque espèce qu'ils soient.* Esses são, até hoje, textos fundamentais da jurisdição administrativa francesa, como informam DEBBASCH, Charles. *Institutions et Droit Administratifs.* Paris: PUF, 1999, v. 2, p. 460; e FORGES, Jean-Michel de. *Droit Administratif.* Paris: PUF, 1998, p. 320.

[236] Cfe. DEBBASCH, Charles. Ob.cit., p. 460. Tratava-se, como diz o autor, de uma compreensão original da idéia da separação dos Poderes, que equiparava a atividade de julgar a Administração à atividade de administrar. Como refere Debbasch, *le principe de séparation des pouvoirs ne prohibe pas, par lui-même, aux tribunaux judiciaires, de statuer sur les difficultés soulevées par l'activité administrative. Mais les révolutionnaires ont une conception originale et rigide de la règle de séparation des pouvoirs: celle-ci leur paraît impliquer la séparation des autorités administrative et judiciaire. Fonction administrative et fonction juridictionelle sont confondues. Juger l'administration, c'est aussi administrer. Dès lors, pour éviter l'intrusion du juge dans l'administration, on doit lui retirer la fonction de juger la puissance publique* (ibid.).

[237] Cfe. FORGES, Jean-Michel de. Ob.cit., p. 320; e DUPUIS, Georges; GUÉDON, Marie-José; CHRÉTIEN, Patrice. *Droit Administratif.* Paris: Armand Colin, 1999, p. 31.

[238] Cfe. FORGES, Jean-Michel de. Ob.cit., p. 321.

[239] Ibid.

toda ao Conselho de Estado,[240] que logrou interpretar textos insuficientes, preencher lacunas e, inclusive, estabelecer princípios, os mais fundamentais, como o da responsabilidade da Administração por danos decorrentes de seus atos e o de que ela pode alterar, unilateralmente, os seus contratos.[241] Merecem referência, por esse trabalho, os juízes Édouard Laferrière, Léon Duguit e Maurice Hauriou,[242] sendo deste último a concepção inicial da moralidade administrativa.

4.1.1. O aporte de Hauriou ao controle do desvio de poder

É assente, de fato, que Maurice Hauriou foi o primeiro a falar na moralidade administrativa, divergindo-se, porém, quanto à oportunidade em que teria referido, pela primeira vez, a idéia. Certo, bastante difundida, entre nós, é a versão do autor português Antônio José Brandão, manifestada em artigo publicado no Brasil em 1951, no qual adota como ponto inicial a menção feita por Hauriou à moralidade administrativa num comentário ao caso *Gomel* editado em 1917, havendo tal caso sido decidido pelo Conselho de Estado em 1914.[243] Diogo de Figueiredo Moreira Neto, por seu turno, encontra alusão de Hauriou à moralidade administrativa já na primeira edição do *Principes de Droit Public* em 1910.[244] José Guilherme Giacomuzzi, de sua parte, observa, em publicação recente, que é de 1903 a primeira referência de Hauriou à moralidade.[245]

Com razão o autor, visto como, já no ano de 1903, em estudo sobre a declaração de vontade no Direito Administrativo francês,

---

[240] Cfe. DELVOLVÉ, Pierre; VEDEL, Georges. *Droit Administratif*. Paris: Presses Universitaires de France, 1992, v. 1, p. 88.

[241] Ibid., p. 89. Confira-se, ainda, o que anotou Laubadére: *Mais c'est avant tout la "jurisprudence" administrative qui a élaboré et élabore quotidiennement ce droit spécial qu'est le droit administratif. On parle en ce sens du caractère "prétorien" de la jurisprudence du Conseil d'Etat. Cette élaboration jurisprudentielle porte d'abord sur les domaines mêmes où existent des textes; sur eux vient se broder une interprétation jurisprudentielle abondante et souvent hardie (...). Mais le plus frappant est la construction complète de règles et théories dégagés uniquement par le juge; on peut dire que presque toute la "théorie générale" du droit administratif a été ainsi formée* (LAUBADÈRE, André de. *Manuel de Droit Administratif*. Paris: Librairie Générale de Droit et Jurisprudence, 1951, p. 17).

[242] Cfe. DUPUIS, Georges; GUÉDON, Marie-José; CHRÉTIEN, Patrice. Ob.cit., p. 13.

[243] BRANDÃO, Antônio José. Moralidade Administrativa. *Revista de Direito Administrativo*, Rio de Janeiro, n. 25, jul./set. de 1951, p. 457.

[244] MOREIRA NETO, Diogo de Figueiredo. Política da Administração e Princípio da Moralidade. *Genesis Revista de Direito Administrativo Aplicado*, Curitiba, n. 1, abr. 1994, p. 42. A referência encontrada é por ele traduzida: *Assim, o poder público constitui a armadura moral da administração pública. E, aliás, deve-se notar que todo controle organizado em nome da moralidade administrativa sobre os atos administrativos deve partir da noção de poder* (ibid.).

[245] GIACOMUZZI, José Guilherme. *A Moralidade Administrativa e a Boa-fé da Administração Pública: O Conteúdo Dogmático da Moralidade Administrativa*. São Paulo: Malheiros, 2002, p. 68.

Hauriou mencionou a idéia de moralidade, nela encontrando suporte para a noção, também ali referida, de boa administração.[246] Num paralelo entre a teoria da declaração de vontade acolhida pelo novo Código Civil Alemão (1900) e a teoria dos atos jurídicos administrativos desenvolvida na França, Hauriou enfrentou o problema do desvio de poder (ou, em sinonímia, desvio de finalidade), assim explicando:

> *O desvio de poder é o fato de uma autoridade administrativa usar de seus poderes em conformidade com a letra da lei, mas em objetivo outro que não aquele em vista do qual eles lhe foram conferidos. Tal definição mostra que, por essa abertura, o Conselho de Estado anula os atos cuja causa seja ilícita ou que tenham uma falsa causa. O que nos interessa é saber como o Conselho de Estado aprecia esta violência praticada em relação à causa. (...) Quanto à questão de saber em relação a que norma a causa do ato é declarada falsa ou ilícita, a jurisprudência do Conselho de Estado responde muito claramente que é em relação à "boa administração". O que é então essa "boa administração"? É uma noção puramente objetiva que se dá ao juiz administrativo apreciar soberanamente, a partir das circunstâncias, do meio, do momento. Ela é o equivalente da noção comum de boa-fé no comércio jurídico privado à qual se refere o legislador alemão. **O Conselho de Estado parte da idéia de que a Administração está vinculada por uma certa moralidade objetiva; ela tem uma função a cumprir, e quando os motivos que a impulsionaram não são conformes aos fins gerais dessa função, o Conselho de Estado os declara ilícitos.** Ora, se concebe como esses "fins gerais da função" são elementos concretos, objetivos, que o juiz recolhe na constatação dos fatos. Notemos, de passagem, que o Conselho de Estado está melhor colocado que qualquer outro para delinear essa moralidade, pois que é ele mesmo o conselho administrativo mais elevado e mais esclarecido.[247]*

---

[246] HAURIOU, Maurice. La Déclaration de Volonté dans le Droit Administratif Français. *Revue Trimestrielle de Droit Civil*, Paris, v. 3, 1903, p. 576.

[247] Veja-se o texto no original: *Le détournement de pouvoir est le fait par une autorité administrative d'user de ses pouvoirs conformément à la lettre de la loi, mais dans un but autre que celui en vue duquel ils lui ont été conférés. Cette définition montre que, par cette ouverture, le Conseil d'État annule des actes dont la cause est illicite ou qui ont une fausse cause. Ce qui nous intéresse, c'est de savoir comment le Conseil d'État apprécie cette violence par rapport à la cause. (...) Quant à la question de savoir par rapport à quelle norme la cause de l'acte est déclarée fausse ou illicite, la jurisprudence du Conseil d'État répond très clairement que c'est par rapport à la "bonne administration". Qu'est-ce donc que "cette bonne administration"? C'est une notion purement objective qu'il est donné au juge administratif d'apprécier souverainement, d'après les circonstances, le milieu, le moment. Elle est l'équivalent de cette notion commune de la bonne foi dans le commerce juridique privé à laquelle se réfère le législateur allemand. Le Conseil d'État part de cette idée que l'administration est liée par une certaine moralité objective; elle a une fonction à remplir et lorsque les motifs qui l'ont poussée ne sont pas conformes aux buts généraux de cette fonction, le Conseil d'État les déclare illicites. Or, on conçoit*

Hauriou demonstrou, em seu artigo, que a teoria dos atos jurídicos administrativos desenvolvida na França tinha o mesmo caráter objetivo da teoria da declaração de vontade acolhida pelo novo Código Civil alemão, explicando que, diferentemente da teoria clássica romana, preocupada, acima de tudo, com a vontade interna dos indivíduos, a teoria da declaração se voltava para a manifestação exterior e concreta da vontade,[248] baseada na idéia de que *o direito deve ignorar os fenômenos que se produzem na consciência dos indivíduos, pois, nesse domínio psicológico, toda pesquisa é necessariamente arbitrária e perigosa para o crédito público.*[249] Examinado, no mesmo artigo, o problema do desvio de poder, admitiu que, nesse caso, o vício não está necessariamente no ato, na declaração de vontade – único objeto do recurso administrativo –, mas tende a se esconder no foro subjetivo das intenções, *intenções que o Conselho de Estado se proíbe pesquisar.*[250] Questionou então: *quando o juiz aprecia o caráter lícito de uma declaração de vontade, deve ele se fixar no objetivo aparente, mencionado na declaração?*[251] Considerando inaplicável, num sistema voltado para a manifestação exterior e concreta da vontade, a teoria subjetiva da causa, adotada pelo Código Civil francês – que considerava ilícita a causa, ou seja, a finalidade quando proibida por lei ou contrária aos bons costumes ou à ordem pública –, encontrou na idéia de boa administração, à semelhança da idéia de boa-fé do direito alemão, um critério objetivo de avaliação do ato.[252]

Posteriormente, em seu *Précis de Droit Administratif et de Droit Public*, Hauriou voltou a referir a moralidade, novamente associada ao controle do desvio de poder, que, como explicou,

> *marca a subordinação do poder administrativo ao bem do serviço, noção que ultrapassa a de legalidade e que permite restringir o poder no que há de mais discricionário: os móveis que o fazem agir. A legalidade, cujas regras gerais são rígidas, não saberia penetrar na região dos móveis sem matar a espontaneidade do poder discricionário; ao contrário,*

---

combien ces "buts généraux de la fonction" sont des éléments concrets, objectifs, que le juge puise dans la constatation des faits. Remarquons, en passant, que le Conseil d'État est mieux placé que tout autre pour dégager cette moralité, puisqu'il est lui-même le conseil administratif le plus élevé et le plus éclairé. (ibid., pp. 575-6, grifos nossos).

[248] Ibid., pp. 543 e ss.

[249] Veja-se o texto no original: *le droit doit ignorer les phénomènes que se produisent dans la conscience des individus, car dans ce domaine psychologique, toute recherche est nécessairement arbitraire et dangereuse pour le crédit public* (ibid., pp. 545-6).

[250] No original: *ce sont ces intentions que le Conseil d'État s'interdit de rechercher* (ibid., p. 574).

[251] No original: *Mais lorsque le juge doit apprécier le caractère licite d'une déclaration de volonté, doit-il s'en tenir au but apparent, mentionné dans la déclaration?* (ibid., p. 575).

[252] Ibid., pp. 574 e ss. Para um exame aprofundado da influência da teoria da declaração no pensamento de Hauriou, consulte-se GIACOMUZZI, José Guilherme. Ob.cit., pp. 50 e ss.

a moralidade administrativa, descendo com o juiz aos casos particulares, pode penetrar nessa região sem matar essa espontaneidade.

Para combater a distinção que fazemos aqui entre a legalidade e a moralidade administrativa, se objeta que a moralidade administrativa não é outra coisa senão o espírito da lei, e que, por conseqüência, o desvio de poder não é outra coisa senão a violação do espírito da lei, caso particular de violação da lei.

Mas não é verdade que o espírito das leis administrativas se confunde com a moralidade administrativa, como o espírito das leis civis não se confunde com a moralidade individual. Se consultássemos apenas o espírito das leis, só teríamos uma fraca idéia da moralidade. O espírito da lei é o limite a impor aos direitos no interesse da justiça; o espírito da moralidade é a diretiva a impor aos deveres no interesse do bem; há uma distância entre o que é justo e o que é bom.

É evidente que a moralidade administrativa ultrapassa a legalidade e, por conseqüência, o desvio de poder ultrapassa em profundidade de ação a violação da lei.[253]

Eis, assim, a lição de Hauriou, registrada de maneira íntegra, para que adiante possamos avaliá-la, a fim de extrair o núcleo que perdura. Vejamos ainda uma segunda lição encontrada no *Précis de Droit Administratif et de Droit Public*, que se tornou bastante conhecida:

Quanto à moralidade administrativa, sua existência provém de que todo ser possuidor de uma conduta pratica forçosamente a distinção entre o bem e o mal. Como a Administração tem uma conduta, ela pratica essa distinção, ao mesmo tempo que aquela do justo e do injusto, do lícito e do ilícito, do honrado e do desonrado, do conveniente e do inconveniente. A moralidade administrativa é seguidamente mais exi-

---

[253] Veja-se o texto no original: *Ainsi le détournement de pouvoir marque la subordination du pouvoir administratif au bien du service, notion qui dépasse celle de la légalité et qui permet de restreindre le pouvoir dans ce qu'il a de plus discrétionnaire: les mobiles qui le font agir. La légalité dont les règles générales sont rigides ne saurait pénétrer dans la région des mobiles sans tuer la spontanéité du pouvoir discrétionnaire; au contraire, la moralité administrative, descendant avec le juge dans les cas particuliers, peut pénétrer dans cette région sans tuer cette spontanéité. Pour combattre la distinction que nous faisons ici entre la légalité et la moralité administrative, on objecte que la moralité administrative n'est pas autre chose que l'esprit général de la loi, et que, par conséquent, le détournement de pouvoir n'est pas autre chose que la violation de l'esprit de la loi, cas particulier de la violation de la loi. Mais il n'est pas vrai que l'esprit des lois administratives se confonde avec la moralité administrative, pas plus que l'esprit des lois civiles ne se confond avec la moralité individuelle. Si on ne consultait que l'esprit des lois on n'aurait qu'une piètre idée de la moralité. L'esprit de la loi, c'est la limite à imposer aux droits dans l'intérêt de la justice; l'esprit de la moralité, c'est la directive à imposer aux devoirs dans l'intérêt du bien; il y a un écart entre ce qui est juste et ce qui bien. Il est évident que la moralité dépasse la légalité et, par conséquent, le détournement de pouvoir dépasse en profondeur d'action la violation de la loi* (HAURIOU, Maurice. *Précis de Droit Administratif et de Droit Public.* 11. ed. Paris: Sirey, 1927, pp. 419-20).

gente que a legalidade. Nós veremos que a instituição do excesso de poder, com base na qual são anulados muitos atos administrativos, é fundada tanto na noção de moralidade como na noção de legalidade, de sorte que a Administração está vinculada em certa medida pela moral jurídica, particularmente no que concerne ao desvio de poder.[254]

Finalmente, no *Précis Élémentaire de Droit Administratif*, ao abordar o desvio de poder, Hauriou diz se tratar de uso do poder com base em motivos e visando objetivos que não aqueles em razão dos quais o poder foi conferido, *é dizer, outros que não os que deseja a moral administrativa;*[255] esclarecendo que o desvio de poder é *uma noção aparentada daquela do abuso de direito e, nesse sentido, o desvio de poder é ele mesmo uma sorte de incompetência "ratione materiae". Podemos notar também que é uma violação da boa-fé, pois a administração deve agir de boa-fé, e isso faz parte de sua moralidade.*[256]

Foram breves, portanto, como se vê, as referências de Hauriou à moralidade administrativa, aparecendo aqui e ali no conjunto de sua obra, sempre associadas, é verdade, ao desvio de poder. Não nos parece, entretanto, que, mesmo em Hauriou, fosse a moralidade simples critério de avaliação dos móveis ou da finalidade do ato administrativo. O controle, isto sim, da moralidade é que se fazia particularmente presente na hipótese do desvio de poder. Reveja-se, para tirar a dúvida, o que dizia Hauriou: *O Conselho de Estado parte da idéia de que a Administração está vinculada por uma certa moralidade objetiva; ela tem uma função a cumprir, e quando os motivos que a impulsionaram não são conformes aos fins gerais dessa função, o Conselho de Estado os declara ilícitos.*[257]

---

[254] Veja-se o texto no original: *Quant à la moralité administrative, son existence provient de ce que tout être possedant une conduite pratique forcément la distinction du bien e du mal. Comme la administration a une conduite, elle pratique cette distinction en même temps que celle du juste e de l'injuste, du licite e de l'illicite, de l'honorable et du déshonorant, du convenable et du inconvenant. La moralité administrative est souvent plus exigente que la légalité. Nous verrons que l'institution de l'excés de pouvoir, grâce à laquelle sont annulés beaucoup d'actes de l'administration, est fondée autant sur la notion de la moralité administrative que sur celle da la légalité, de telle sorte que l'administration est liée dans une mesure par la morale juridique, particulièrement en ce qui concerne le détournement de pouvoir* (ibid., p. 346).

[255] No original: *c'est le fait d'une autorité administrative qui (...) use de son pouvoir dans un but e pour des motifs autres que ceux en vue desquels ce pouvoir lui a été conféré, c'est-à-dire autres que ne le veut la morale administrative* (id. *Précis Élémentaire de Droit Administratif*. Paris: Sirey, 1938, p. 269).

[256] No original: *C'est une notion apparentée à celle de l'abus du droit et, en ce sens, le détournement de pouvoir est lui-même une sorte d'incompetence "ratione materiae". On peut remarquer aussi que c'est une violation de la bonne foi, car l'administration doit agir de bonne foi, et cela fait partie de sa moralité* (ibid.).

[257] Id. *La Déclaration...*, p. 576, texto no original à nota nº 247.

Iluminam nossa compreensão algumas das lições mestras do autor francês sobre a natureza institucional da Administração e a natureza funcional da atividade administrativa. Confiramos: *Se o regime administrativo repousa essencialmente sobre o poder, é necessário reconhecer que esse poder é "instituído", é dizer, "enquadrado em uma organização submetida a uma idéia". Essa idéia é a do serviço público. Ela iniciou por ser uma idéia do serviço do rei, para se tornar em seguida a do serviço do público. O essencial é que seja a idéia de servir, de prestar serviço em vez de ser aquela de constranger e oprimir, que é muito facilmente a tentação do poder.*[258] Daí a natureza institucional da submissão da Administração à sua função e, por conseguinte, a natureza funcional da atividade administrativa e do servidor que a desempenha. Para Hauriou, *é essa idéia que engendra, a um só tempo, a função administrativa, as funções públicas e os funcionários. Os agentes se tornam funcionários porque sua principal preocupação deve ser a realização de sua função, é dizer, seu serviço, e que o poder que eles detêm não deve ser senão um meio de chegar a esse resultado.*[259] Logo, o agente passa a designar-se *funcionário* porque é seu dever realizar sua *função* (a função administrativa), o mesmo se podendo dizer sobre o *servidor*, que tem o dever de *servir*. Essas as lições mestras que igualmente foram destacadas – cumpre registrar – no artigo de Antônio José Brandão.[260]

Não logramos, contudo, seguir o raciocínio de Brandão quando diz que Hauriou definiu a moralidade administrativa, na 11ª edição do seu *"Précis"*, como *conjunto de regras de conduta tiradas da disciplina interna da Administração.*[261] Estamos de acordo, novamente, então, com José Guilherme Giacomuzzi na crítica que tece ao artigo do

---

[258] Veja-se o texto no original: *Si le régime administratif repose essentiellement sur le pouvoir, il faut reconnaître que ce pouvoir est "institué", c'est- à- dire "encadré dans une organisation soumise à une idée". Cette idée est celle du service public. Elle a commencé par être l'idée du service du roi, pour devenir ensuite celle du service du public. L'essentiel est que ce soit l'idée de servir, de rendre service au lieu d'être celle de pressurer et opprimer, qui est trop facilement la tentation du pouvoir* (id. *Précis de Droit Administratif...*, p. 12)

[259] No original: *C'est cette idée qui engendre à la fois la fonction administrative, les fonctions publiques et les fonctionnaires. Les agents deviennent des fonctionnaires parce que leur principale préoccupation doit être l'accomplissement de leur fonction, c'est-à-dire leur service, et que le pouvoir qu'ils détiennent ne doit être qu'un moyen d'aboutir à ce résultat* (ibid., p. 13).

[260] BRANDÃO, Antônio José. Ob.cit., p. 458.

[261] Consignou Brandão que, feita a referência à moralidade numa nota ao caso *Gomel*, Hauriou, *na 7ª edição do seu "Précis", tantas vêzes remodelado, depois de repetir a doutrina da nota, limitou-se a acrescentar: com o recurso por desvio de poder, que possui a natureza de uma "ação disciplinar", ultrapassa-se o ponto de vista da legalidade estrita, pois, com êle, sanciona-se uma "moral jurídica". Só na 10ª edição da citada obra, de passagem, indicou finalmente o que por moralidade administrativa entendia: "conjunto de regras de conduta tiradas da disciplina interior da Administração. Noção que, na edição seguinte, melhor esclareceu, muito embora aí se refira, de preferência, à "disciplina interna da Administração"* (ibid., p. 457).

autor português,[262] em especial porque não encontramos referências a fontes no texto de Brandão, não estando claro se, ao mencionar o *"Précis"*, está aludindo ao *Précis de Droit Administratif et de Droit Public* ou ao *Précis Élémentaire de Droit Administratif*, nos quais, do mesmo modo que Giacommuzzi, não localizamos a frase citada no texto de Brandão. É verdade, por igual, como obtempera Giacomuzzi, que alguns autores brasileiros têm reproduzido essas frases sem muito rigor.[263] Percebemos, inclusive, que às vezes repetem o erro praticado por Brandão ao grafar *Gomel* – o caso *Gomel*, decidido pelo Conselho de Estado em 1914 – com duplo "m", erro menor que poderia ser evitado mediante consulta aos registros da jurisprudência do Conselho de Estado.

4.1.2. O controle do desvio de poder no direito francês

De toda forma, importa noticiar que o controle do desvio de poder, como modalidade do controle do excesso de poder, via recurso por excesso de poder, se firmou e se desenvolveu na França desde o caso *Lesbats* (1864),[264] sem, no entanto, haver sido aplicada – ou, pelo menos, referida – a idéia de moralidade administrativa. Alargou-se a noção de legalidade, de modo a possibilitar o controle da finalidade dos atos administrativos, sendo anulados aqueles em que a finalidade concreta destoasse da finalidade legal. Estendeu-se, por outra, o controle sobre os fatos motivadores dos atos, precisamente no acórdão do caso *Gomel*.[265]

---

[262] GIACOMUZZI, José Guilherme. Ob.cit., pp. 77 e 85.

[263] Ibid., p. 78.

[264] Considera-se o caso *Lesbats* como marco inicial do controle do desvio de poder, tendo sido admitido, na oportunidade, pelo Conselho de Estado, que o recurso por excesso de poder abrangia a hipótese do controle do desvio de finalidade. O Conselho de Estado decidiu anular ato da Administração municipal que negava a determinada empresa de transportes de passageiros autorização para estacionamento junto à estação ferroviária, uma vez demonstrado que a finalidade da negativa de autorização era, em realidade, beneficiar outra empresa de transportes (Cfe. TÁCITO, Caio. Desvio de Poder no Controle dos Atos Administrativos, Legislativos e Jurisdicionais. *Revista Trimestral de Direito Público*, São Paulo, n. 4, out./dez. 1993, pp. 31-2).

[265] Teve importância o caso *Gomel* porque representou uma ampliação significativa do controle exercido sobre os atos da Administração, especialmente quanto ao desvio de finalidade. Ao apreciar o caso *Gomel*, o Conselho de Estado admitiu fiscalizar a correção da qualificação de um fato realizada pela Administração, não se limitando, como vinha fazendo, a examinar somente a fundamentação, o raciocínio jurídico desenvolvido pelo administrador a partir da qualificação do fato. Tratava-se, na situação examinada, de requerimento de autorização para edificar obra não deferido pelo administrador, sob o argumento de que a praça Beauvau, em Paris, onde o Sr. *Gomel* pretendia edificar, constituía uma *perspectiva monumental*, nos termos do art. 118 da Lei de 31 de julho de 1911, que previa a não-autorização de edificação na hipótese de dano a perspectiva monumental. Até a decisão no caso *Gomel*, o Conselho de Estado se negava a fiscalizar a qualificação jurídica de fatos no exame dos atos administrativos, limitando-se a verificar se a fundamentação jurídica efetivada estava correta. No caso do Sr. *Gomel*, a Administração havia fundamentado corretamente o ato, invocando lei que lhe deter-

Tudo isso explica o pouco crédito dado à noção de moralidade administrativa ali mesmo, na França, onde fora elaborada. De certo porque, além de vaga, mostrou-se desnecessária ao controle do desvio de poder, fundado no princípio da legalidade, especialmente quando este se viu ampliar, passando a constituir exigência de legalidade substancial e não mais de legalidade formal. A compreensão do princípio da legalidade como exigência de juridicidade, *i.e.*, de conformidade com o direito e não só com a lei, se impôs, ao longo do século XX, na França, razão suficiente para que a idéia de moralidade administrativa fosse descartada.[266]

Costuma-se dizer, entretanto, que Hauriou teve discípulos, a saber, Welter, Renard e Laccharrière.[267] O primeiro publicou, em 1929, monografia intitulada *Le Contrôle Juridictionnel de la Moralité Administrative* – com prefácio do segundo –, dedicando-se a examinar, principalmente, casos de desvio de poder, mas aduzindo que a noção de moralidade se aplicava também no controle de vícios relacionados aos fatos.[268] Já o terceiro publicou, em 1938, obra sob o título *Le Contrôle Hiérarchique de l'Administration dans la Forme Juridictionnelle*, na qual fez inserir um capítulo sobre a moralidade, aceitando-a como critério de controle da discricionariedade.[269]

Não representam esses trabalhos, todavia, grande avanço conceitual em relação à idéia de Hauriou, sendo, por ora, de consignar

---

minava o não-deferimento de autorização para edificação com vistas à conservação de perspectiva monumental. Ocorre, porém, que a qualificação jurídica do fato embasadora da fundamentação da Administração estava equivocada, segundo entendeu o Conselho de Estado, afirmando que a Praça Beauvau não constituía uma perspectiva monumental no sentido fixado pelo art. 118 da Lei de 1911. Em razão disso, desfez a decisão da Administração, ampliando consideravelmente a fiscalização que sobre ela exercia. O Conselho de Estado não mais se restringia, dessa forma, a examinar apenas a correção dos fundamentos jurídicos da Administração; ele descia ao exame da qualificação dos fatos, e isso tinha grande importância no controle do desvio de poder, uma vez que aí o problema residia, quase sempre, no pressuposto de fato do ato. Consulte-se, sobre o caso *Gomel*, CHAPUS, René. *Droit Administratif Général*. Paris: Montchrestien, 1997, pp. 937-8.

[266] É o que registram Pierre Devolvé e Georges Vedel, que nos explicam o modo como se compreende a legalidade: *La légalité est la qualité de ce qui est conforme à la loi. Mais dans cette définition, il faut entendre le terme de "loi" dans son sens le plus large qui est celui de "droit". La légalité exprime donc la conformité au droit et est synonyme de régularité juridique. (...) Le principe de légalité appliqué à l'Administration exprime donc la règle selon laquelle l'Administration doit agir conformément au droit* (DEVOLVÉ, Pierre; VEDEL, Georges. Ob.cit., v. 1 e 2, pp. 445 e 814). Ainda, sobre o uso preferencial da locução *principe de juridicité*, veja-se DUPUIS, Georges; GUÉDON, Marie-José; CHRÉTIEN, Patrice. Ob.cit., pp. 75-6.

[267] Cfe. BRANDÃO, Antônio José. Ob.cit., pp. 458 e ss.; e CASTRO NUNES, José. *Do Mandado de Segurança e de Outros Meios de Defesa contra Atos do Poder Público*. Rio de Janeiro: Forense, 1988, pp. 133-4.

[268] WELTER, Henri. *Le Contrôle Juridictionnel de la Moralité Administrative: Étude de Doctrine et de Jurisprudence*. Paris: Sirey, 1929.

[269] LACHARRIÈRE. *Le Contrôle Hiérarchique de l'Administration dans la Forme Juridictionnelle*. Paris, 1938.

que aparecem na monografia de Welter, junto à definição de moralidade administrativa, noções como a de *fins a realizar* e a da *natureza funcional* do regime administrativo,[270] que nos deverão, mais à frente, socorrer.

4.2. A RECEPÇÃO DA NOÇÃO DE MORALIDADE ADMINIS-TRATIVA NO DIREITO BRASILEIRO: A INFLUÊNCIA SOBRE A LEGISLAÇÃO, A DOUTRINA E A JURISPRUDÊNCIA

Não obstante o que atrás se disse, encontrou a idéia de moralidade administrativa campo fértil no sistema jurídico brasileiro, onde se viu incorporar. De fato, constata-se referência à moralidade administrativa, na legislação brasileira, já em 1930, no Decreto nº 19.938, que instituiu o Governo Provisório da República após a dissolução do Congresso Nacional pela Revolução e que, em seu art. 7º, dispunha: *Continuam em inteiro vigor, na forma das leis aplicáveis, as obrigações e os direitos resultantes de contratos, de concessões ou outras outorgas, com a União, os Estados, os Municípios, o Distrito Federal e o Território do Acre, salvo os que, submetidos à revisão, contravenham ao interesse público e à moralidade administrativa.* Depois, a Constituição de 1934, embora não referisse o princípio da moralidade, previa, em seu art. 113, a ação popular para anulação de atos lesivos ao patrimônio público. Tal previsão não apareceu no texto constitucional do Estado Novo (1937), mas retornou com a Carta de 1946, vindo a se consagrar, mais tarde, com a edição da Lei nº 4.717, de 29 de junho de 1965, que a regulamentou. Assim é que, desde 1946, figura a ação popular como instrumento constitucional de defesa do patrimônio público, agregando-se, em 1988, expressa menção à moralidade administrativa: *qualquer cidadão é parte legítima para propor ação popular que vise a anular ato lesivo ao patrimônio público ou de entidade de que o Estado participe, à moralidade administrativa, ao meio ambiente e ao patrimônio histórico e cultural, ficando o autor, salvo comprovada má-fé, isento de custas judiciais e do ônus da sucumbência* (art. 5º, inc. LXXIII, da CF/88). A Constituição de 1946 também previa a punição de servidores por atos como enriquecimento ilícito e abuso de função, cargo ou emprego públicos, verificando-se previsões semelhantes no texto de 1967 e na Emenda de 1969, até que a Carta de 1988 adotasse a

---

[270] WELTER, Henri. Ob.cit., pp. 8 e ss.

locução *improbidade administrativa* (art. 37, § 4º) e incluísse, expressamente, o *princípio da moralidade* (art. 37, *caput*).[271]

Essa, pois, em breves linhas, a história da incorporação do princípio da moralidade administrativa ao nosso sistema positivo, muito se devendo à contribuição da doutrina, que despertou o legislador, notadamente o constituinte de 1988, para a noção de moralidade administrativa. Claro que a Lei da Ação Popular (Lei nº 4.717/65) já havia sido editada com um forte empurrão da doutrina, especialmente a de Seabra Fagundes.[272] Não se pode, por outro lado, olvidar que Hely Lopes Meirelles lecionava sobre o princípio da moralidade administrativa desde a primeira edição do seu *Direito Administrativo Brasileiro* em 1964,[273] remetendo-se, de maneira acentuada, aos ensinamentos de Maurice Hauriou. De referir, por igual, a obra de Manoel de Oliveira Franco Sobrinho – *O Controle da Moralidade Administrativa* –, editada em 1974, na qual o autor se dedicou, em profundidade, ao exame de alguns aspectos do tema, filiando-se, igualmente ele, à matriz conceitual de Hauriou, que se propôs desenvolver, com recurso a aportes então disponíveis na seara internacional sobre moralidade no direito e moralidade na Administração Pública.[274] Cumpre recordar, ainda, que, desde 1951, encontrava-se publicado no Brasil o artigo do autor português José Antônio Brandão, intitulado *Moralidade Administrativa* e dedicado, em grande parte, à divulgação das idéias de Hauriou.[275]

Na jurisprudência, tímida quanto à moralidade administrativa anteriormente à Constituição de 1988, encontramos a decisão do Tribunal de Justiça de São Paulo exarada em 1º de março de 1966, em que o Relator Des. Cardoso Rolim, asseverando que o controle jurisdicional sobre a administração é de legalidade, afirmou que *por legalidade ou legitimidade se entende não só a conformação do ato com a*

---

[271] Note-se, contudo, que o termo *probidade* já aparecia, em âmbito mais restrito, na Constituição de 1891, como bem a ser velado pelo Presidente da República sob pena de incorrer em crime de responsabilidade.

[272] É de Seabra Fagundes o artigo *Da Ação Popular*, publicado em 1946, no qual cita, muito rapidamente, a moralidade administrativa como âmbito de controle por meio da ação popular. (SEABRA FAGUNDES, Miguel. Da Ação Popular. *Revista de Direito Administrativo*, Rio de Janeiro, n. 6, out. 1946, p. 19). Registra-se, ainda, que parecer de Seabra Fagundes foi enviado à Presidência da República juntamente com a exposição de motivos do relator do projeto da Lei da Ação Popular na Comissão de Constituição e Justiça, Djalma Marinho, que também teria feito referência à moralidade administrativa (Cfe. GIACOMUZZI, José Guilherme. Ob.cit., p. 125).

[273] MEIRELLES, Hely Lopes. *Direito Administrativo Brasileiro*. São Paulo, Revista dos Tribunais, 1964.

[274] SOBRINHO, Manoel de Oliveira Franco. *O Controle da Moralidade Administrativa*. São Paulo: Saraiva, 1974.

[275] BRANDÃO, Antônio José. Ob.cit.

lei, como também com a moral administrativa e com o interesse coletivo, indissociável de toda atividade pública. Tanto é ilegal ou ilegítimo o que desatende à lei, como o que violenta a moral da instituição, ou se desvia do interesse público, para servir a interesses privados de pessoal, grupos ou partidos favoritos da Administração.[276]

Concluindo, se extrai, desse escorço, que o princípio da moralidade administrativa, como positivado no sistema jurídico brasileiro, deflui da matriz francesa, sendo certo, também, que aqui se desenvolveu à luz da nossa doutrina, como observaremos no estudo conceitual que se segue na terceira parte do trabalho.

---

[276] TRIBUNAL DE JUSTIÇA DE SÃO PAULO. Apelação Cível nº 151.580. Rel. Des. Cardoso Rolim. 20/10/65.

Parte III

O PRINCÍPIO DA MORALIDADE ADMINISTRATIVA NA CONSTITUIÇÃO BRASILEIRA DE 1988

5. O significado do princípio da moralidade administrativa: uma tarefa de reconstrução do sentido

O princípio da moralidade administrativa goza, no ordenamento jurídico brasileiro, de condição privilegiada. Figura expressamente em nossa Constituição, que, ao indicar os princípios reitores da Administração Pública (art. 37, *caput*), assim estabelece: *A administração pública direta e indireta de qualquer dos Poderes da União, dos Estados, do Distrito Federal e dos Municípios obedecerá aos princípios de legalidade, impessoalidade, moralidade, publicidade e eficiência.* Da mesma forma, prevê a Carta, no art. 5º, inc. LXXIII, que qualquer cidadão poderá ajuizar ação popular para combater ato que, dentre outras hipóteses, atente contra a *moralidade administrativa*. Ainda, no § 4º do art. 37, dispõe que *atos de improbidade administrativa importarão a suspensão dos direitos políticos, a perda da função pública, a indisponibilidade dos bens e o ressarcimento ao erário.*[277]

Se dúvida havia, portanto, até a edição da Constituição de 1988, sobre a existência do princípio da moralidade administrativa em nosso sistema, não mais resta hoje o que discutir a esse respeito.[278] Promulgada a Carta, dedicou-se a doutrina, então, livre daquela

---

[277] Para além dos dispositivos citados, veja-se também que a Constituição, no art. 85, inc. V, define como crime de responsabilidade do Presidente da República a prática de ato que viole a probidade administrativa e, no art. 14, § 9º (depois da Emenda Constitucional de Revisão nº 4/94), prevê que lei complementar estabelecerá casos de inelegibilidade para resguardar, entre outros, a probidade administrativa e a moralidade no exercício do mandato. São numerosos, em acréscimo, os textos legais, editados após 1988, que fazem ou fizeram menção expressa à moralidade administrativa, como é o caso das Leis nºs 8.112/90, 8.630/93, 8.666/93, 8.987/95, 9.472/97, 9.478/97, 10.150/00 e 10.188/01; e dos Decretos nºs 1.138/94, 1.171/94, 1.825/96, 2.108/96, 2.813/98, 3.555/00 e 3.751/01; sem falar nos textos que simplesmente referem os padrões de comportamento ético da Administração.

[278] Considere-se, neste passo, que, junto aos entendimentos por nós reunidos no capítulo anterior, outros eram encontrados, na nossa doutrina, a negar a existência do princípio da moralidade administrativa. Veja-se, por exemplo, o que afirmava José Cretella Jr. em 1978: *A tese da "moralidade administrativa", não obstante seja invocada por um ou outro teórico, não é aceita em nossos dias, pelas maiores autoridades administrativistas* (CRETELLA JR. José. *Anulação do Ato Administrativo por Desvio de Poder*. Rio de Janeiro: Forense, 1978, p. 68).

controvérsia, a esquadrinhar o significado do princípio da moralidade administrativa, revelando-se, todavia, bastante sinuoso o caminho a partir daí.[279] Nossos administrativistas, desejando contribuir
para a efetivação do revigorado princípio, ressentiram-se de sua
indeterminação – com sobradas razões, aliás –, seja porque demasiado imprecisa a locução *moralidade administrativa* (que não recebeu de
quem a cunhou o correspondente conceito, como antes registrado),
seja porque muito controvertido o tratamento da moral pelo direito,
vale dizer, o tratamento e a compreensão da relação entre a moral e
o direito. Observamos, anteriormente, que falar em *moral* – aí incluí-
do o problema da relação entre a moral e o direito – é falar num
mundo de concepções, as mais diversas, manifestadas desde épocas
muito remotas. A expressão *moralidade*, por conseqüência, no sentido
de conformidade à moral, resulta igualmente fluida, seguindo-se
para nós, como um desafio, definir-lhe os contornos, facilitada a
tarefa por se tratar do âmbito mais restrito da moralidade administrativa.[280]

Tivemos já ocasião, nos capítulos 1 e 2, de fixar as bases filosóficas que nos habilitarão a enfrentar essa tarefa de maneira segura,
evitando a adoção de posições arbitrárias, sendo também indispensáveis, a partir de agora, os elementos históricos recuperados ao
longo dos capítulos 3 e 4. Com isso, prosseguimos e, em se tratando
de atribuir sentido a ditames positivados no texto constitucional,
deparamo-nos com os chamados métodos ou elementos de interpretação oferecidos tradicionalmente pela doutrina. Não desejamos,
contudo, enveredar pela discussão sobre eventual escolha ou preferência de um método em relação a outro. Parece-nos, antes, mais
adequado identificar as linhas de argumentação que se poderão desenvolver fundamentadamente em torno do tema, disso devendo
resultar o emprego e a combinação dos aludidos métodos – em

---

[279] Sobre esse caminho de incertezas, consulte-se MORAES, Germana de Oliveira. *Controle
Jurisdicional da Administração Pública*. São Paulo: Dialética, 1999, pp. 111 e ss.

[280] Atente-se que o emprego do vocábulo *moralidade* como *conformidade à moral*, por nós
adotado, não conflita com a utilização do mesmo vocábulo como sinônimo de *moral*, tal qual
se vê, por exemplo, em Hauriou, na sua primeira referência à expressão (*O Conselho de Estado
parte da idéia de que a Administração está vinculada por uma certa moralidade objetiva...* texto original
à nota nº 247). É que a distinção entre os dois significados, embora tenha relevância sintática
e deva ser observada na construção de nossas frases, não detém maior importância no tratamento do conteúdo abordado, uma vez que a moral, como conjunto de normas sociais preva-
lecentes (moral comum) ou como instância normativo-crítica (moral crítica), inclui, sempre,
alguma observância, *i.e.*, algum grau de conformidade. A moral, como visto na primeira parte
do trabalho, é, ao mesmo tempo, *existência* e *observância* de normas, princípios ou argumentos;
noutras palavras: uma coisa implica a outra. Ademais, considere-se que, mesmo aqueles que
empregam a palavra *moralidade* como sinônimo de *moral*, no âmbito da matéria em estudo,
sempre pressupõem a idéia de conformidade e de exigência de conformidade à moral.

verdade elementos – interpretativos.[281] Propomos, assim, identificar os caminhos através dos quais se poderá reconstruir e definir o significado do princípio da moralidade administrativa e, logo, executar essa tarefa de reconstrução do sentido, de reconstrução conceitual-argumentativa, adotando uma estratégia de argumentação por etapas (que correspondem, em última análise, às etapas de desenvolvimento da noção de moralidade administrativa no direito brasileiro), nas quais examinaremos: 1) a compreensão da doutrina no período anterior a 1988; 2) a força exercida pela atual moldura constitucional; e 3) a evolução e a autonomização observadas no período recente.[282]

5.1. A COMPREENSÃO DA DOUTRINA NO PERÍODO ANTERIOR A 1988

Em 1986, na 12ª edição do seu *Direito Administrativo Brasileiro*, Hely Lopes Meirelles definia a moralidade administrativa como pressuposto de validade do ato administrativo, afirmando a necessidade de se praticá-lo em conformidade com a moral jurídica retirada da disciplina interna da Administração.[283] Nosso doutrinador

---

[281] Segundo Friedrich Müller, *as regras tradicionais da interpretação não podem ser isoladas como "métodos" autônomos para si. No processo da concretização elas não somente revelam complementar e reforçar-se reciprocamente, mas estar entrelaçadas materialmente já a partir do seu enfoque* (MÜLLER, Friedrich. *Métodos de Trabalho do Direito Constitucional*. Porto Alegre: Síntese, 1999, p. 68). Noutro ponto, diz o autor que os *elementos históricos, genéticos, sistemáticos e teleológicos da concretização não podem ser isolados uns dos outros e do procedimento de interpretação gramatical, como este não pode ser isolado daqueles* (ibid., p. 65). Robert Alexy, comentando as obscuridades desses métodos e o fato de que não há hierarquia entre eles, afirma que a *debilidad de los cánones de la interpretación no significa que carezcan de valor, pero impide el considerarlos como reglas suficientes para la fundamentación de las decisiones jurídicas* (ALEXY, Robert. *Teoria de la Argumentación Jurídica: La Teoría del Discurso Racional como Teoría de la Fundamentación*. Madrid: Centro de Estudios Constitucionales, 1989, p. 25).

[282] A tarefa proposta integra a dimensão analítica do direito, conforme entendida e destacada por Alexy: *Así como están justificadas las objeciones en contra de una reducción de la ciencia del derecho a la dimensión analítica y en contra de todo intento de fundamentar las decisiones jurídicas "exclusivamente" con medios de la lógica, así también es injustificada la subestimación de lo analítico (...). Sin una consideración sistemático-conceptual del derecho, no es posible la ciencia del derecho como disciplina racional. La medida de la racionalidad de la ciencia del derecho depende esencialmente del nivel alcanzado en la dimensión analítica (...). Si hay algo que puede librar, al menos en parte, a la ciencia de los derechos fundamentales, de la retórica política y de los vaivenes de la lucha de las concepciones del mundo, ello es, sobre todo, el trabajo en la dimensión analítica. Si a esto se agrega que en la dimensión analítica del derecho son posibles conocimientos que, primero, no pueden ser sustituidos por conocimientos de ninguna otra ciencia y, segundo, pertenecen a los conocimientos más seguros de la ciencia del derecho, hay entonces razones suficientes para designar y practicar la consideración sistemático-conceptual del derecho como "opus proprium" de la ciencia del derecho* (id. *Teoría de Los Derechos Fundamentales*. Madrid: Centro de Estudios Constitucionales, 1997, p. 45).

[283] MEIRELLES, Hely Lopes. *Direito Administrativo Brasileiro*. São Paulo: Revista dos Tribunais, 1986, p. 62. Recorde-se que o autor já lecionava sobre a moralidade administrativa – por ele sempre formulada como princípio – no ano de 1964, quando da primeira edição do seu curso.

O Princípio da Moralidade Administrativa

seguia a concepção de Hauriou, esclarecendo não se tratar, na hipótese, de conformidade com a moral comum. Alicerçado no mestre francês, dizia que, enquanto a moral comum *é imposta ao homem para sua conduta externa; a moral administrativa é imposta ao agente público para sua conduta interna, segundo as exigências da instituição a que serve, e a finalidade de sua ação: o bem-comum.*[284] Hely Lopes Meirelles acolhia, igualmente, os ensinamentos de Henri Welter e Lacharrière, seguidores de Hauriou, referindo que o primeiro definia a moralidade administrativa como regras de boa administração, ou melhor, regras finais e disciplinares orientadas não só pela distinção entre o bem e o mal mas também pelas idéias de administração e de função administrativa, ao passo que o segundo a entendia como conjunto de regras estabelecidas pelos superiores hierárquicos aos seus subordinados com vistas a disciplinar o exercício do poder discricionário da Administração.[285]

Mas, como vimos no escorço histórico do capítulo anterior, a recepção desses ensinamentos pela doutrina brasileira não se deve só a Hely Lopes Meirelles; atribui-se, por igual, a Manoel de Oliveira Franco Sobrinho, autor da monografia *O Controle da Moralidade Administrativa.*[286] Franco Sobrinho, sustentando a vinculação entre o direito e a moral, assevera, em sua obra, que à Administração Pública se impõe, além do imperativo da legalidade, um dever geral de boa administração, que tem natureza moral.[287] Tal dever tem de ser observado no exercício da discricionariedade, não podendo *haver liberdade de atuação a não ser objetivando a "boa" administração ou o "bem comum".*[288] Alinhando-se, portanto, a Hauriou, Franco Sobrinho acolhe também a noção de moral jurídica e a percepção de que a finalidade, embora não apenas ela, integra o campo adequado ao controle da moralidade administrativa.[289] O autor amplia, de fato, a idéia de Hauriou, admitindo a possibilidade de se exercer o controle da mo-

---

[284] Ibid., p. 62.

[285] Ibid., p. 63.

[286] FRANCO SOBRINHO, Manoel de Oliveira. *O Controle da Moralidade Administrativa.* São Paulo: Saraiva, 1974.

[287] Reportando-se a André Gonçalves Pereira (*Erro e Ilegalidade no Acto Administrativo.* Lisboa, 1962), explica: *O problema para o pensamento doutrinário consiste em síntese numa indagação: "saber se além da observância da legalidade estará a Administração vinculada a um dever geral de boa administração, como conseqüência da sujeição ao interesse público". Qual a natureza deste dever? Pergunta-se! Sem dúvida, acima de tudo, de moral ou de moralidade* (FRANCO SOBRINHO, Manoel de Oliveira. Ob.cit., p. 10).

[288] Ibid., p. 14.

[289] Ibid., pp. 26 e ss.

ralidade administrativa sobre todos os elementos do ato administrativo em relação aos quais possa haver discricionariedade.[290]

À vista dessas lições e com apoio na recensão histórica do capítulo anterior, podemos já aqui afirmar, em jeito de síntese, que a moralidade administrativa se definia, segundo a compreensão da nossa doutrina, no período anterior a 1988, conforme segue: observância de uma moral jurídica extraída da disciplina interna da Administração Pública, com conteúdo determinado essencialmente pela idéia de função administrativa (a implementação do bem comum), da qual se origina a noção de boa administração, devendo essa observância ser fiscalizada no terreno da discricionariedade administrativa, especialmente, mas não só, no caso do desvio de poder.

As lições que conduzem a essa síntese, ora referidas, são, a nosso ver, as que maior influência exerceram sobre a compreensão e o desenvolvimento do princípio da moralidade administrativa pela comunidade jurídica brasileira antes da edição da Constituição de 1988, sem esquecer o artigo do autor português José Antônio Brandão, publicado no Brasil pela Revista de Direito Administrativo em 1951.[291] Tais lições, sempre no rumo dado pela vertente francesa, formam a tradição de sentido na qual emerge o princípio da moralidade administrativa a partir da nova Carta (art. 37, *caput*), ou seja, o contexto em que se produz o sentido da disposição inserta na Constituição.[292] Vejamos, a seguir, como se comportam os elementos

---

[290] Ibid., pp. 24 e ss. Lembre-se porém que, não obstante Hauriou tratasse e desenvolvesse a idéia de moralidade administrativa apenas no campo do desvio de finalidade (desvio de poder), aparecia ela, em sua obra, como uma noção ampla. Reveja-se: *O Conselho de Estado parte da idéia de que a Administração está vinculada por uma certa moralidade objetiva; ela tem uma função a cumprir, e quando os motivos que a impulsionaram não são conformes aos fins gerais dessa função, o Conselho de Estado os declara ilícitos* (HAURIOU, Maurice. La Déclaration de Volonté dans le Droit Administratif Français. *Revue Trimestrielle de Droit Civil*, Paris, v. 3, 1903, p. 576, texto original à nota nº 247). Ainda: *Nós veremos que a instituição do excesso de poder, com base na qual são anulados muitos atos administrativos, é fundada tanto na noção de moralidade como na noção de legalidade, de sorte que a Administração está vinculada em certa medida pela moral jurídica, particularmente no que concerne ao desvio de poder* (id. *Précis de Droit Administratif et de Droit Public*. 11. ed. Paris: Sirey, 1927, p. 346, texto original à nota nº 254, grifo nosso).

[291] Tome-se o artigo de Brandão, em relação ao qual foram feitas algumas ressalvas no capítulo 4, como um importante elemento de difusão das idéias de Hauriou em nosso País.

[292] A idéia de tradição em que se produz o sentido é manuseada por Lenio Luiz Streck, principalmente na *Hermenêutica Jurídica e(m) Crise*, obra em que desenvolve aportes como os de Heidegger e Gadamer. Ali explica que *o intérprete do Direito é um sujeito inserido/jogado, de forma inexorável, em um (meio)ambiente cultural-histórico, é dizer, em uma tradição. Quem interpreta é sempre um sujeito histórico concreto, mergulhado na tradição*. Afirma, entretanto, que *esse sujeito/intérprete não está atado indefectivelmente a uma compreensão, pois entender é sempre uma atitude de abertura e ante-sala a algo criador e complementário do passado. Na ciência jurídica nunca se ressaltará suficientemente que a interpretação é uma nova leitura das normas jurídicas e que cada caso será uma nova aplicação, algo assim como se o direito recobrasse o seu vigor cada vez que é aplicado ou cumprido* (STRECK, Lenio Luiz. *Hermenêutica Jurídica e(m) Crise: Uma Exploração Hermenêutica da Construção do Direito*. Porto Alegre: Livraria do Advogado, 2000, p. 245). Em obra

conceituais dessa tradição quando submetidos ao impacto do texto constitucional.

5.2. A FORÇA EXERCIDA PELA ATUAL MOLDURA CONSTITUCIONAL

O segundo passo na tarefa de reconstrução do significado do princípio da moralidade reside no estudo de sua conformação constitucional. Trata-se de observar a moldura normativa que alberga o princípio como também a força que ela sobre ele exerce. Nesse diapasão, verificando cuidar-se de princípio reitor da Administração Pública, entendida como estrutura e atividade de implementação dos fins do Estado, voltamo-nos para os elementos constitucionais que mais de perto concernem ao ente estatal. Seguimos, então, com o estudo dos chamados princípios estruturantes,[293] autênticos fundamentos do poder político e da ordem constitucional, outorgando, sempre, direção e referência ao labor jurídico, em particular na seara do Direito Administrativo.[294] São eles os princípios do Estado de Direito, do Estado Democrático e do Estado Social.

O princípio do Estado de Direito se acha referido à idéia, proclamada nas Revoluções Francesa e Americana, de submissão do Estado – ou, em termos mais simples, do poder – ao direito. Associa-se ao Estado Constitucional, visto que, como ressalta Canotilho, *o constitucionalismo procurou justificar um Estado submetido ao direito, um Estado regido por leis, um Estado sem confusão de poderes.*[295] Confor-

---

recente, José Guilherme Giacomuzzi trabalha a idéia de tradição ou, como prefere, de pré-compreensão no estudo da moralidade administrativa, buscando tal pré-compreensão, marcadamente, na doutrina de Hauriou e Welter (GIACOMUZZI, José Guilherme. *A Moralidade Administrativa e a Boa-fé da Administração Pública: O Conteúdo Dogmático da Moralidade Administrativa.* São Paulo: Malheiros, 2002, pp. 39 e ss.). Divergimos, apenas, quanto a essa ênfase dada pelo autor à concepção inicial da moralidade administrativa, a nós parecendo que a tradição de sentido na qual emerge o princípio constitucional da moralidade administrativa é aquela que no Brasil se formou, sob as luzes, fiéis ou não a Hauriou, da nossa doutrina.

[293] Cfe. CANOTILHO, J.J. Gomes. *Direito Constitucional e Teoria da Constituição.* 4. ed. Coimbra: Almedina, [s.d.], pp. 243 e ss.

[294] Observe-se o que afirma, a esse respeito, Santamaria Pastor: *La construcción e interpretación del Derecho administrativo há de hacerse a partir de los condicionantes generales que derivan del texto constitucional. (...) Este imperativo lógico, común a todas las ramas del Derecho, posee una incidencia muy especial en lo que se refiere al ordenamiento de la Administración: (...), porque el Derecho administrativo es, esencialmente, el régimen jurídico del poder público en su expresión más cruda y directa; y es natural que el impacto de la Constitución sea tanto más enérgico en las normas más directamente vinculadas a las cuestiones relativas al poder, objeto directo y preferente del texto constitucional.* (SANTAMARIA PASTOR, Juan Alfonso. *Princípios de Derecho Administrativo.* Madrid: Centro de Estudios Ramón Areces, 2000, v. 1, p. 87).

[295] CANOTILHO, J.J. Gomes. Ob.cit., p. 93.

me diz, ainda, o mesmo autor, o processo de constituição do Estado de Direito teve como marca *o pluralismo de estilos culturais, a diversidade de circunstâncias e condições históricas, os "códigos de observação" próprios de ordenamentos jurídicos concretos*, sendo identificáveis, na formação histórica da concepção do Estado de Direito, algumas variantes: o *Rule of Law* na Inglaterra; o *Reign of Law* nos Estados Unidos; o *l'État Légal* na França; e o *Rechsstaat* na Alemanha.[296] Mas é certo que todas essas variantes exprimem, de algum modo, a idéia de submissão do Estado ao direito, de limitação e controle do poder e de proteção aos direitos do indivíduo.[297]

Afirma Canotilho que o princípio do Estado de Direito enfeixa alguns subprincípios, tais como o da legalidade da Administração, o da segurança jurídica, o da proteção da confiança dos cidadãos, o da proibição de excesso e o da proteção jurídica e das garantias processuais. São, no dizer do autor, subprincípios concretizadores do princípio do Estado de Direito,[298] todos de elevada incidência, é verdade, no regime jurídico administrativo. Destaca-se, nesse plano, porém, o da legalidade da Administração, a merecer algumas observações de nossa parte.

Importa, com efeito, sublinhar que o princípio da legalidade, fora dos domínios penal e tributário, não se compreende de maneira estrita, *i.e.*, como exigência de adequação à lei formal, à lei produzida pelo poder competente de acordo com o procedimento fixado na Constituição, mas, sim, como exigência de adequação ao direito em seu todo.[299] O princípio da legalidade da Administração (ou o princípio da legalidade no regime jurídico administrativo) significa, de igual forma, exigência de conformidade ao direito. Autores há, mesmo, a propugnar se nomeie o princípio da legalidade, assim enten-

---

[296] Ibid. Veja-se também MIRANDA, Jorge. *Manual de Direito Constitucional*. Lisboa: Coimbra, 1997, v. 1, p. 83.

[297] Acompanhe-se a retrospectiva de Zippelius: *Neste sentido, a história da liberdade do cidadão é uma história da restrição e do controlo do poder do Estado. Na Inglaterra, as pretensões absolutistas do rei encontraram a resistência enérgica do parlamento que viu ameaçados os seus antigos direitos tradicionais e as liberdades inalienáveis dos cidadãos. Destes confrontos, e mais tarde na sequência do movimento pela independência na América do Norte e da Revolução Francesa, nasceram instituições para assegurar estes direitos e liberdades. Neste processo histórico surgiu o Estado constitucional e de Direito. Este procura um compromisso entre a necessidade de um poder do Estado homogéneo e suficientemente forte para garantir a paz jurídica e a necessidade de prevenir um abuso do poder estatal e de estabelecer limites a uma expansão totalitária do poder de Estado, assegurando na maior medida possível as liberdades individuais* (ZIPPELIUS, Reinhold. *Teoria Geral do Estado*. Lisboa: Fundação Calouste Gulbenkian, 1997, p. 384).

[298] CANOTILHO, J.J. Gomes. Ob.cit., pp. 255 e ss.

[299] Sobre a noção de lei formal, veja-se SILVA, José Afonso. *Curso de Direito Constitucional Positivo*. São Paulo: Malheiros, 1993, p. 368.

O Princípio da Moralidade Administrativa

dido, como princípio da juridicidade.[300] Entre nós, defende Cármen Lúcia Antunes Rocha:

A preferência que se confere à expressão deste princípio da juridicidade, e não apenas ao da legalidade como antes era afirmado, é que, ainda que se entenda esta em sua integralidade (e não apenas na especificidade da lei formal), não se tem a inteireza do Direito e a grandeza da Democracia em seu conteúdo, como se pode e se tem naquele. Se a legalidade continua a participar da juridicidade a que se vincula a Administração Pública – e é certo que assim é –, esta vai muito além da legalidade, pois afirma-se em sua autoridade pela legitimidade do seu comportamento, que não se contém apenas na formalidade das normas jurídicas, ainda que consideradas na integralidade do ordenamento de Direito.[301]

De toda sorte, consoante formula Vasco Pereira da Silva, *quer se utilize a expressão "princípio da juridicidade", quer se continue a falar em "princípio da legalidade" (...), o que há de ter presente é que se está perante uma noção positiva de legalidade, enquanto modo de realização do direito pela Administração, e não apenas como limite da actuação administrativa, e que por lei se entende não apenas a lei formal, mas também todo o Direito.*[302] Claro, aqui o autor introduz um novo aspecto, relacionado à discricionariedade administrativa, que ressurge, então, com novas feições, porquanto deixa de se manifestar como simples espaço de não-incidência da lei para se firmar como instrumento de realização do direito pela Administração na consecução das finalidades do Estado.[303] *Um entendimento correto do poder discricionário implica, pois, a superação dos "mitos" de uma noção restritiva da legalidade.*[304]

---

[300] DUPUIS, Georges; GUÉDON, Marie-José; CHRÉTIEN, Patrice. *Droit Administratif*. Paris: Armand Colin, 1999, pp. 75-6, em lição mencionada à nota nº 266.

[301] ROCHA, Cármen Lúcia Antunes. *Princípios Constitucionais da Administração Pública*. Belo Horizonte: Del Rey, 1994, pp. 69 e 70.

[302] SILVA, Vasco Pereira da. *Em Busca do Acto Administrativo Perdido*. Coimbra: Almedina, 1998, pp. 84-5.

[303] Ibid., p. 86.

[304] Ibid. Veja-se, ainda, o que dispõe Bartolomé A. Fiorini: *La discrecionalidad administrativa es una forma del actuar jurídico de la administración pública y, por lo tanto, deberá juzgársela jurídicamente e investigársela como actividad jurídica. Esto no podía concebirlo la tesis del pasado que sólo veía en la legalidad administrativa la ejecución de la ley, que representaba un límite del actuar administrativo, pero ignorando la necesaria existencia de un ámbito donde el administrador libremente actuaba según su buen parecer. La discrecionalidad, para esta concepción, representaba un poder similar al legislador; de ahí proviene la errónea expresión de "facultad colegislativa". La discrecionalidad aparecía así como una forma de crear normas similares a las del legislador cuando éste no había determinado lo que correspondía. Esta equívoca tesis era consecuente con la definición formalista de que la Administración era simple ejecución de la ley, pues para ésta lo único jurídico era la ley y nada más que la ley. En la concepción expuesta hay un positivismo normativo tan crudo y tan limitado que no puede ser sustentando en nuestros días, ni aun en forma parcial* (FIORINI, Bartolomé A. *Derecho Administrativo*. Buenos Aires: Abeledo-Perrot, 1995, v. 1, pp. 267-8). Finalmente, como uma pá de cal, a lição de José Carlos Vieira de Andrade: *A concepção da perversidade do poder discricio-*

Uma noção restritiva da legalidade foi, aliás, o que levou Hauriou a elaborar a idéia de moralidade administrativa, como buscamos anteriormente evidenciar. Para o autor, a moralidade constituía um âmbito normativo e uma exigência capaz de permitir o controle dos atos administrativos (particularmente no caso do desvio de poder) fora do campo da legalidade, onde imaginava residir a discricionariedade.[305] Percebemos, todavia, ao compreender a legalidade como juridicidade – seja nomeando-a juridicidade e entendendo-a como exigência que prescreve, também, conformidade à lei formal; seja falando num novo princípio, o da juridicidade, que, mais amplo, abrange o da legalidade (formal); seja, ainda, conforme preferimos, caracterizando-a como *legalidade substancial*[306]–, que ela alcança o poder discricionário, em cujo terreno incidem normas jurídicas, a saber, os princípios aos quais se submete a Administração Pública.

---

nário, muitas vezes semanticamente identificado com arbítrio e prepotência, baseia-se numa memória histórica da Administração de "polícia" que hoje tem de ser superada em face da legitimidade democrática e social (organizativa e procedimental) do poder administrativo. Porém, ela é igualmente fruto da hipostasiação da "garantia jurisdicional" como momento essencial do Estado de Direito: esta idéia poderá ter tido justificação na Europa do pós-guerra, mas hoje deve ceder perante a necessidade de assegurar um equilíbrio entre a realização do interesse da comunidade e os direitos e interesses dos particulares, um equilíbrio onde a Administração tem uma tarefa própria a cumprir (ANDRADE, José Carlos Vieira de. O Dever de Fundamentação Expressa de Actos Administrativos. Coimbra: Almedina, 1991, p. 397).

[305] Repare-se mais uma vez: *Nós veremos que a instituição do excesso de poder, com base na qual são anulados muitos atos administrativos, é fundada tanto na noção de moralidade como na noção de legalidade, de sorte que a Administração está vinculada em certa medida pela moral jurídica, particularmente no que concerne ao desvio de poder* (HAURIOU, Maurice. Précis de Droit Administratif..., p. 346, texto original à nota nº 254). *Assim o desvio de poder marca a subordinação do poder administrativo ao bem do serviço, noção que ultrapassa aquela da legalidade e que permite restringir o poder naquilo que ele tem de mais discricionário: os móveis que o fazem agir* (ibid., pp. 419-20, texto original à nota nº 253).

[306] A expressão *legalidade substancial* é amiúde empregada para referir a exigência de conformidade ao direito em sua inteireza, ou seja, enquanto forma e substância, como postula Cármen Lúcia Antunes Rocha no excerto antes citado. Equivale, nesse sentido, segundo pensamos, ao termo *juridicidade*, com a vantagem de possibilitar a manutenção de um signo (*legalidade*) que há muito se consagrou. Já temos visto, no entanto, a expressão *legalidade substancial*, quando associada a *ato administrativo*, empregada para designar a conformidade ao direito dos chamados elementos materiais ou internos do ato administrativo (motivo, finalidade e conteúdo). Significa, nesse caso, o mesmo que *legalidade interna*. Advirta-se que, no primeiro caso, o adjetivo *substancial* complementa a palavra *legalidade*, correspondendo, precisamente, à substância da lei. No segundo caso, *substancial*, embora justaposto a *legalidade*, corresponde à substância do ato administrativo (elementos substanciais). Note-se, ademais, que a confusão que se pode aí verificar não resulta apenas da utilização da mesma expressão em situações e com sentidos distintos, mas também do fato de que a legalidade dos elementos substanciais do ato administrativo depende, justamente, da observância do direito em sua inteireza e não só da lei formal, por se tratar de elementos em relação aos quais pode haver discricionariedade. Esclarecida essa nuança, registramos que, no âmbito deste trabalho, será utilizada a expressão *legalidade substancial* sempre associada à voz *princípio* como exigência de conformidade ao direito em sua inteireza, *i.e.*, como exigência de conformidade à substância e, é claro, à forma do direito.

O Princípio da Moralidade Administrativa

Por tudo isso, há se considerar que o princípio da legalidade, como expresso no art. 37, *caput*, da Constituição, designa exigência de conformidade ao direito e não apenas à lei.[307] Ou, de outro modo, que ele adscreve a Administração à lei entendida no seu sentido mais lato, é dizer, enquanto forma (nas suas diversas formas) e substância.[308] O que sobressai, enfim, é a necessidade de rever o princípio da legalidade da Administração, pois, como sustentáculo principal do regime jurídico administrativo, fluindo do âmago, mesmo, da noção de Estado de Direito, foi inicialmente compreendido como exigência de legalidade formal porque o direito, ele próprio, era visto apenas como lei formal (e isso vale especialmente para a França, berço do Direito Administrativo). E nem se argumente que o legislador constituinte de 1988 pretendeu insculpir o princípio da legalidade, no art. 37, *caput*, como mero ditame de conformidade à lei formal, já que nada obsta uma leitura adequada e sistematizadora de quem hoje se depara com o texto.[309]

Muito bem. Prosseguindo na análise dos princípios constitucionais estruturantes, sempre no rumo da identificação da moldura normativa em que se insere o princípio da moralidade, deparamonos com o princípio do Estado Democrático e, em torno dele, a iluminá-lo, a conhecida fórmula de Lincoln do *governo do povo, pelo povo e para o povo*. Adotando, em seguida, mais uma vez, o esquema conceitual de Canotilho, observamos que, entre os subprincípios concretizadores do princípio do Estado Democrático, figura o da soberania popular, de elevada importância por traduzir a idéia de que o domínio do homem pelo homem exige justificação, cuja origem só pode ser encontrada no próprio homem, e não em instâncias

---

[307] Vamos na linha de Barbosa de Melo, para quem, em respeito à *idéia de Estado-de-Direito, a legalidade referida nos textos positivos (...) deve ser interpretada no seu sentido mais amplo, correspondendo, nem mais nem menos, à juridicidade* (MELO, A. Barbosa de. *Direito Administrativo II*. Coimbra: Lições Policopiadas, 1987; *apud* SILVA, Vasco Pereira da. *Em Busca do Acto Administrativo Perdido*. Coimbra: Almedina, 1998. p. 85).

[308] Nos capítulos 1 e 2, afirmamos que o direito se distingue da moral e que, apesar disso, a ela se abre e se remete, constantemente, em razão das insuficiências técnicas da sua forma e da sua linguagem, sendo que tal abertura, resultante, em última análise, da forma insuficiente do direito, é determinada pela pretensão de correção que ele sempre contém e pela necessidade de legitimação que exibe. Assim, falar na *inteireza do direito* não significa renegar a distinção entre moral e direito, mas, simplesmente, admitir que, no contexto da tradição da modernidade, ele detém uma substância que independe da sua forma. Dir-se-á, então, que tal substância em nada difere da moral. Acreditamos, porém, que a identificação da substância do direito respeita uma certa racionalidade inexistente para a moral (confira-se o aporte de Habermas no item 2.3.1) e que, considerada essa racionalidade, exsurgem os princípios jurídicos como categoria normativa adequada à veiculação de tal substância (veja-se a contribuição de Alexy no item 2.3.2).

[309] Considere-se, por ora, que não vemos dificuldade na convivência dos princípios da moralidade e da legalidade substancial no *caput* do art. 37 da Constituição, aspecto ao qual voltaremos posteriormente.

transcendentes, como ordem divina, ordem natural, etc.[310] O poder pertence ao povo, que o transfere, em parte, aos governantes, a fim de que administrem os interesses gerais e realizem o bem comum.

Ora, disso deriva a noção de *função administrativa*, já presente nos ensinamentos de Hauriou e tão bem definida por Celso Antônio Bandeira de Mello:

> *A ordenação normativa propõe uma série de finalidades a serem alcançadas, as quais se apresentam, para quaisquer agentes estatais, como obrigatórias. A busca destas finalidades tem o caráter de "dever" (antes do que "poder"), caracterizando uma "função", em sentido jurídico.*
>
> *Em Direito, esta voz função quer designar um tipo de situação jurídica em que existe, previamente assinalada por um comando normativo, uma finalidade a cumprir e que "deve ser" obrigatoriamente atendida por alguém, mas "no interesse de outrem", sendo que esse sujeito – o obrigado –, "para desincumbir-se de tal dever", necessita manejar poderes indispensáveis à satisfação do "interesse alheio" que está a seu cargo prover.[311]*

Para Bartolomé Fiorini, o *cometido ejecutorio, continuo e práctico, que exhibe la función administrativa, proviene del deber que tienen – será mejor decir una carga – los órganos que la realizan, de aplicar las normas en forma justa y con eficacia meritoria respecto a los fines que deben satisfacer.*[312] Já Santamaria Pastor refere a posição vicarial da Administração Pública, como segue: *La primera de las exigencias que el principio democrático impone a la Administración es su subordinación a las instancias políticas que representan formalmente al titular de la soberanía: su papel institucional consiste en actuar como organización ejecutora de los mandatos normativos provenientes del Parlamento, representante máximo de la soberanía nacional, y también – y sobre todo – como estructura de apoyo directo al supremo órgano ejecutivo en su tarea de la gobernación del Estado.*[313] É possível falar, também, em *relação de administração*, lapidarmente conceituada por Ruy Cirne Lima como aquela *que se estrutura ao influxo de uma finalidade cogente.*[314]

Chegamos, com isso, ao terceiro princípio estruturante, o princípio do Estado Social, afirmado mediante a consagração de um novo

---

[310] CANOTILHO, J.J. Gomes. Ob.cit., p. 290.

[311] BANDEIRA DE MELLO, Celso Antônio. *Discricionariedade e Controle Jurisdicional*. São Paulo: Malheiros, 2000, p. 13.

[312] FIORINI, Bartolomé A. Ob.cit., pp. 29 e 30.

[313] SANTAMARIA PASTOR, Juan Alfonso. Ob.cit., p. 113.

[314] CIRNE LIMA, Ruy. *Princípios de Direito Administrativo Brasileiro*. Porto Alegre: Sulina, 1954, p. 53. Em seguida, agrega que *a relação de administração somente se nos depara, no plano das relações jurídicas, quando a finalidade, que a atividade de administração se propõe, nos aparece defendida e protegida, pela ordem jurídica, contra o próprio agente e contra terceiros* (ibid., p. 54).

conjunto de finalidades estatais voltadas à realização efetiva do princípio democrático. Canotilho, em comentário à Constituição Portuguesa, anota que o *princípio da democracia económica e social contém uma imposição obrigatória dirigida aos órgãos de direção política (legislativo, executivo) no sentido de desenvolverem uma actividade económica e social conformadora das estruturas socioeconómicas, de forma a evoluir para uma sociedade democrática.*[315]

Nossa Constituição, em sentido análogo, define o Estado brasileiro como Estado Democrático de Direito (art. 1º), atribuindo-lhe o mister de enfrentar o problema social ao estatuir como fundamento da República a dignidade da pessoa humana e, como objetivos, a construção de uma sociedade livre, justa e solidária, a erradicação da pobreza e da marginalização e a redução das desigualdades sociais e regionais (arts. 1º e 3º).[316] Tais disposições, junto a outras que se poderiam igualmente citar – os direitos fundamentais, por exemplo[317] –, veiculam e/ou reforçam, em nossa ordem constitucional, os princípios do Estado de Direito, do Estado Democrático e do Estado Social. Mas, com certeza, a abordagem empregada não deve toldar o fato de que esses princípios se relacionam intimamente, mantendo, entre si, fortes vínculos de dependência, donde nos ser facultado reconhecer, em nossa Constituição, o molde do Estado Social e Democrático de Direito.[318]

---

[315] CANOTILHO, J.J. Gomes. Ob.cit., p. 331. Santamaria Pastor, referindo-se à Constituição Espanhola, diz tratar-se de uma *concepción política del Estado según el cual éste no se limita, como propugnaba la teoría liberal, a corregir las disfunciones más graves y ostensibles del mercado y de la sociedad civil, sino que asume la responsabilidad de conformar el orden social en el sentido de promover la progresiva igualdad de todas las clases sociales y de asegurar a todos los ciudadanos el acceso a un cierto nivel de bienestar económico, el disfrute de los bienes culturales y una cobertura de sus riesgos vitales; en términos jurídicos, equivale a la imposición a todos los poderes públicos de un deber de actuar positivamente sobre la sociedad, en una línea de igualación progresiva de todas las clases sociales y de mejora de sus condiciones de vida* (SANTAMARIA PASTOR, Juan Alfonso. Ob.cit., pp. 107-8).

[316] *Art. 1º A República Federativa do Brasil, formada pela união indissolúvel dos Estados e Municípios e do Distrito Federal, constitui-se em Estado democrático de direito e tem como fundamentos: I – a soberania; II – a cidadania; III – a dignidade da pessoa humana; IV – os valores sociais do trabalho e da livre iniciativa; V – o pluralismo político. Parágrafo único. Todo poder emana do povo, que o exerce por meio de representantes eleitos ou diretamente, nos termos desta Constituição. Art. 3º Constituem objetivos fundamentais da República Federativa do Brasil: I – construir uma sociedade livre, justa e solidária; II – garantir o desenvolvimento nacional; III – erradicar a probreza e a marginalização e reduzir as desigualdades sociais e regionais; IV – promover o bem de todos, sem preconceitos de origem, raça, sexo, cor, idade e quaisquer outras formas de discriminação.*

[317] Sobre a imbricação entre os direitos fundamentais e as noções de Estado de Direito, Estado Democrático e Estado Social, consulte-se SARLET, Ingo Wolfgang. *A Eficácia dos Direitos Fundamentais.* Porto Alegre: Livraria do Advogado, 1998, pp. 59 e ss.

[318] Cfe. DALLARI, Adílson Abreu. Administração Pública no Estado de Direito. *Revista Trimestral de Direito Público*, São Paulo, nº 5, 1994, p. 35. Alguns autores dão preferência ao molde conceitual do Estado Democrático de Direito, como, por exemplo, José Afonso da Silva, para quem o *Estado Democrático de Direito reúne os princípios do Estado Democrático e do Estado de Direito, não como simples reunião formal dos respectivos elementos, porque, em verdade, revela um conceito novo que os supera, na medida em que incorpora um componente revolucionário de transformação do*

Talvez seja necessário dizer, ainda, neste ponto, que os princípios acima examinados, vertidos nos arts. 1º e 3º da Constituição, se apresentam para nós como autênticas normas jurídicas e não como simples recomendações, já que os ditames constitucionais, em graus variáveis, exibem, todos, eficácia normativa.[319] Daí atentarmos para o quadro normativo – formado, em grande parte, pelos princípios estruturantes – que aqui vimos denominando moldura constitucional.

Pois, para bem compreender o significado do princípio da moralidade administrativa, força é inseri-lo, adequadamente, nessa moldura. E não apenas a compreensão do seu significado mas também a exploração das suas potencialidades (capítulo 6) só se podem efetivar com o seu devido enquadramento na moldura constitucional em que aparece, tendo como pano de fundo a tradição conceitual de que deriva. Tal enquadramento é concebido, por igual, como um processo de filtragem, em que se depuram os elementos conceituais da tradição para adequá-la ao novo pacto.[320]

Passemos, então, pelo filtro constitucional a tradição já sintetizada. Ela inicia, como vimos, em Hauriou e dá à moralidade administrativa a seguinte definição, ora articulada em quatro partes: a) observância de uma moral jurídica, b) extraída da disciplina interna da Administração Pública, c) com conteúdo determinado pela idéia de função administrativa (a implementação do bem comum), da qual decorre a noção de boa administração, d) devendo essa observância ser fiscalizada no terreno da discricionariedade, especialmente, mas não só, no caso do desvio de poder.

Preambularmente, quanto ao trecho ou elemento da definição indicado pela letra "a", trata-se de verificar como se pode compreender a locução *moral jurídica*. Não se pode, em absoluto, entendê-la como um conteúdo moral encerrado no direito, ou seja, como normas morais definidas e definitivas incorporadas pelo direito. Os fundamentos filosóficos recolhidos na primeira parte do trabalho

---

status quo (SILVA, José Afonso. Ob.cit., p. 102). Em linha semelhante, José Luis Bolzan de Morais e Lenio Luiz Streck afirmam que, ao forjar o Estado brasileiro como Estado Democrático de Direito, a Constituição descerra uma nova perspectiva, evidenciando um modelo renovado, distinto dos modelos liberal e social, *i.e.*, um modelo transformador, que agrega *o feitio incerto da Democracia ao Direito, impondo um caráter reestruturador à sociedade* (MORAIS, José Luis Bolzan; STRECK, Lenio Luiz. *Ciência Política e Teoria Geral do Estado*. Porto Alegre: Livraria do Advogado, 2000, p. 95).

[319] Seguimos o entendimento que hoje se faz majoritário em nossa doutrina, como demonstra Ingo Wolfgang Sarlet, que nos fala, em acréscimo, sobre os diferentes graus de eficácia das normas constitucionais (SARLET, Ingo Wolfgang. Ob. cit., pp. 214 e ss.).

[320] Cfe. STRECK, Lenio Luiz. *Hermenêutica...*, p. 229, sendo que o autor se reporta à lição de Clèmerson Merlin Clève.

O Princípio da Moralidade Administrativa

não nos permitem concluir nesse sentido. Assentamos, deveras, no capítulo 2, que o direito, como um acontecer lingüístico-argumentativo, se acha inexoravelmente aberto para a moral (moral crítica – lembre-se – que também consiste num fenômeno lingüístico-argumentativo), visto como, no exercício da fundamentação e da argumentação institucionalizadas, a ela se remete, por serem insuficientes os elementos jurídicos dados e em virtude da pretensão de correção e da necessidade de legitimação sempre presentes. Veja-se, aliás, como certas palavras empregadas na positivação de conteúdos morais (*v.g.*, lealdade, boa-fé) mantêm o direito aberto para a moral, ganhando significado com o auxílio de argumentos morais. Resulta, portanto, inconcebível a idéia de uma moral jurídica encerrada e definitivizada no interior do direito. Assim, a expressão *moral jurídica* pode apenas significar um conteúdo jurídico que abre o direito à moral mesma, disso decorrendo, é claro, certa dificuldade na delimitação das duas ordens, o que não nos impede de afirmar que se está diante de ordens diversas sujeitas a distintas racionalidades.[321] É o direito, enfim, que se abre para a moral, não sendo tal abertura uma exclusividade do regime jurídico administrativo. Há, todavia, uma diferença, e, para bem compreendê-la, passamos ao exame do elemento acima designado pela letra "c" (...com conteúdo determinado pela idéia de função administrativa, da qual decorre a noção de boa administração).

Observamos que a moralidade administrativa esteve associada à idéia de função administrativa já em Hauriou e que semelhante compreensão se transferiu para a nossa doutrina. Agora, na filtragem dessa tradição, por ordem dos imperativos constitucionais, percebemos fortalecida tal associação, *i.e.*, a derivação da exigência de moralidade administrativa da idéia de função administrativa. A concepção democrática do poder, fundada na soberania popular, atrela o exercício (e a própria existência) das potestades públicas à execução das finalidades do Estado, sempre no interesse único do povo, verdadeiro titular de todo o poder. A função a ser desempenhada pela Administração, de realização do bem comum, lhe fixa, por isso, um regime rigoroso, impondo-lhe comportamento ético, como já ensinava Hauriou. A conclusão que se extrai, então, é a de que o Direito Administrativo se abre e se remete à moral de maneira mais acentuada que outros ramos jurídicos – o mesmo se podendo dizer sobre o Direito Público em geral – em razão da idéia de função administrativa. Nesse quadro, expressões como *bom administrador* e *regras de boa administração*, extremamente vagas à primeira vista,

---

[321] Reveja-se a nota nº 308.

ganham contornos mais definidos, pois bom administrador somente pode ser aquele que atua imbuído dessa idéia.

O elemento antes indicado pela letra "b" (...extraída da disciplina interna da Administração Pública) exsurge, de sua parte, bastante questionável, pois, se o âmbito moral para o qual o Direito Administrativo se remete está em permanente acontecer, não se tratando de uma moral convencional cristalizada, e sim de moral crítica fundamentada, como sustentar que o conteúdo da moralidade administrativa advenha da disciplina interna da Administração? Cuidar-se-ia de uma moral positiva convencionada nos domínios da Administração? E o que dizer das Administrações Públicas onde não existe moral alguma (ou em que existe a cultura da vantagem pessoal e do favorecimento)? O único caminho possível aqui leva à compreensão do elemento "b" em consonância com o da letra "c", atribuindo-se à expressão *disciplina interna da Administração* um sentido ideal, ou seja, não-empírico, determinado pela própria noção de função administrativa.

Há, ainda, o elemento designado pela letra "d" (...devendo essa observância ser fiscalizada no terreno da discricionariedade, especialmente, mas não só, no caso do desvio de poder), elemento cuja força se mantém em razão da concepção antes manifestada em torno da idéia de discricionariedade. É que o princípio do Estado de Direito, já examinado, não admite a existência de espaços em que a Administração não esteja subordinada ao direito. Ela deve observância às regras jurídicas e, onde estas não alcançam, aos princípios jurídicos, incidentes sobre todos os milímetros do campo da atividade administrativa. Resulta, por isso, afastada a concepção de Hauriou de que a moralidade serve à fiscalização de um terreno não alcançado pela legalidade (pela exigência de legalidade), havendo sido por nós demonstrado que essa exigência, vale dizer, que o princípio da legalidade, fluindo da noção de Estado de Direito, como sustentáculo principal do regime jurídico administrativo, melhor se define como exigência de legalidade substancial (ou de juridicidade, acaso se queira).

Por fim, nesta acomodação do princípio da moralidade administrativa ao atual quadro constitucional, cabe-nos levar em consideração os objetivos sociais fixados na Constituição, que caracterizam o Estado brasileiro como Estado Social e Democrático de Direito, voltado à realização efetiva da democracia, que não se realiza sem um atuar positivo do Estado com vistas à redução das desigualdades. Tais objetivos requerem a execução de atividades prestacionais, devendo a Administração Pública estar ciente da tarefa que lhe incumbe realizar, desempenhando-a sempre na forma que melhor aproveite à população. A moralidade se amplia, desse modo, tocando a eficiência, por não se justificar moralmente um poder, órgão ou servidor que não se dedique inteiramente a bem servir a população.[322]

Vemos, assim, que o enquadramento do princípio da moralidade na atual moldura constitucional o leva a ampliar seu raio de ação, não importando que, por isso, venha a compartilhar terreno de incidência com outros princípios, como o da eficiência ou, quem sabe, o da proporcionalidade, o da impessoalidade, etc. Parece-nos equivocada, de efeito, a preocupação teórica voltada à delimitação da área de incidência de cada princípio no regime jurídico administrativo quando entre eles não há conflito, mas apenas sobreposição, um reforçando o outro. São comuns, em realidade, os casos de sobreposição e compartilhamento de área de incidência entre os princípios da Administração Pública. Tal ocorre, por exemplo, entre os princípios da legalidade e da publicidade quando a Administração obedece às regras expressas sobre publicação de editais da Lei de Licitações ou, também, entre os princípios da legalidade, da proporcionalidade e da eficiência quando o administrador opta pela medida mais adequada ao atingimento eficiente da finalidade legal. O que dizer, então, do princípio da moralidade, que, por sua amplitude, enfeixa valores individualmente abrigados por outros princípios (eficiência, proporcionalidade, impessoalidade...)?[323]

Não significa, entretanto, que o princípio da moralidade seja uma simples soma desses outros princípios: a uma, porque contém o mandado de honestidade, todo seu, característico da noção de

---

[322] Santamaria Pastor, relacionando o princípio da eficiência ao princípio do Estado Social inserto na Constituição Espanhola (CE), afirma que se *la CE exige de los poderes públicos que realicen una actividad conformadora de la sociedad, de corrección de sus desigualdades y de mejora de las condiciones de vida de los ciudadanos, es obvio que su pretensión era que tales metas se consiguieran efectivamente, en el terreno de los hechos. La consecución de estos objetivos es responsabilidad y cometido primarios (aunque no exclusivos) de las Administraciones Públicas, por ser el poder público dotado de mayor capacidad de incidencia en el terreno de las realidades sociales y económicas; y para que dichos objetivos puedan llevarse a la práctica, es imprescindible que las Administraciones actúen con eficacia* (SANTAMARIA PASTOR, Juan Alfonso. Ob.cit., pp. 110-1).

[323] Confira-se, a esse respeito, a lição de Juarez Freitas, para quem *a infringência de um princípio acarreta a afronta, em graus diversos, dos demais princípios, em face da natural correlação dos mesmos e do fato de que os seus conteúdos se nutrem e se constituem, respectiva e mutuamente.* Mais adiante, comentando hipótese ímproba, explica: *Nesta ordem de considerações, ratifique-se a idéia-chave de que os princípios sempre irradiam efeitos, embora em intensidades diversas, uns sobre os outros. A infringência de um princípio, sob determinados aspectos, acarreta a debilitação do sistema geral, conquanto se mostre cogente verificar, na casuística, a intensidade obtida, para, então sim, identificar o acontecimento da espécie em tela* (FREITAS, Juarez. Do Princípio da Probidade Administrativa e de sua Máxima Efetivação. *Revista de Direito Administrativo*, Rio de Janeiro, n. 204, abr./jun. 1996, pp. 77-8).

moralidade num ambiente ressentido pela corrupção (como o que identificamos no capítulo 3); a duas, porque exibe, em razão de sua formulação indeterminada, o *status* de canal de abertura às exigências éticas impostas à Administração. Ele determina a remessa do regime jurídico administrativo à moral, vinculando a Administração Pública às exigências éticas que fluem do conceito de Estado Social e Democrático de Direito, desenvolvido e afirmado no discurso ético-político da modernidade.

É verdade que tal remessa ocorreria ainda que inexistisse a disposição constitucional sobre o princípio da moralidade administrativa, uma vez consagrado na Carta o modelo do Estado Social e Democrático de Direito. E, mesmo no regime constitucional anterior, em que pese o déficit democrático observado, já se impunha à Administração a exigência de comportamento ético por força da idéia de função administrativa. Ousamos, inclusive, sugerir que a mesma exigência se faz presente em todos os ordenamentos de tradição ocidental, ainda que não refiram o princípio da moralidade administrativa. Isso resulta, como já dissemos, da abertura do direito à moral, fenômeno acentuado no Direito Administrativo em virtude da noção – que tem conteúdo normativo, fique bem claro – de função administrativa.[324]

Por derradeiro, a acomodação do princípio da moralidade à atual moldura constitucional revela que não se trata apenas de ajustar a compreensão do princípio a essa moldura, senão também, e principalmente, de extrair da moldura, ou melhor, dos elementos constitucionais estruturantes a exigência mesma da moralidade administrativa. É dizer que a noção de moralidade administrativa, tal qual imaginada, de início, por Hauriou – a partir de elementos como Estado de Direito, separação dos Poderes, soberania popular, direitos do indivíduo – hoje se desprende da noção de Estado Social e Democrático de Direito, nela encontrando sua exata inspiração. A moralidade administrativa, portanto, mais não é que o estar orientada, a Administração, à realização das finalidades estatais e ao bom atendimento da população. É um estado, uma condição, um *standard* que se exige da Administração em respeito à idéia de função administrativa, encontrada esta no esquema teórico inicialmente construído – repetimos – sobre noções como Estado de Direito, separação

---

[324] Veja-se, novamente, como pontua Celso Antônio Bandeira de Mello: *Em direito, esta voz função quer designar um tipo de situação jurídica em que existe, previamente assinalada por um comando normativo, uma finalidade a cumprir e que "deve ser" obrigatoriamente atendida por alguém, mas "no interesse de outrem", sendo que esse sujeito – o obrigado –, "para desincumbir-se de tal dever", necessita manejar poderes indispensáveis à satisfação do "interesse alheio" que está a seu cargo prover* (BANDEIRA DE MELLO, Celso Antônio. Ob.cit., p. 13).

dos Poderes, soberania popular, direitos do indivíduo. Daí reconhecer Hauriou, em plena era de positivismo legalista, que cumpria exigir da Administração mais do que simples conformidade ao disposto em lei. As opções adotadas pelo administrador no exercício da discricionariedade igualmente teriam de ser sindicadas, a fim de verificar se se encontravam dirigidas ao pleno cumprimento da função administrativa.

É essa percepção, de fato, que nos leva a sugerir que em todos os países de tradição ocidental, conquanto não adotem a fórmula conceitual do princípio da moralidade administrativa – e parece, mesmo, que somos os únicos –, há uma exigência de comportamento ético imposta à Administração.[325] Nada obstante, o ter-se nomeado e positivado tal exigência no ordenamento jurídico brasileiro se mostra, para nós, bastante benéfico. Além de caracterizar a explicitação da referida exigência, propicia a sua autonomização, levando a moralidade administrativa a desenvolver perfil próprio, como veremos.

5.3. A EVOLUÇÃO E A AUTONOMIZAÇÃO OBSERVADAS NO PERÍODO RECENTE

Segundo dissemos alhures, uma vez editada a Constituição de 1988 e sepultadas as dúvidas sobre a existência do princípio da moralidade administrativa em nosso sistema, livre ficou o caminho à investigação sobre o seu significado. Nossa doutrina, almejando concorrer para a efetivação do princípio, então revigorado, pôs-se a definir-lhe o sentido, revelando-se, todavia, bastante tormentosa essa tarefa. As dificuldades encontradas, já referidas, levaram a incertezas, discrepâncias e equívocos. Descobrimos, no entanto, em meio ao que se produziu, lições de inegável pertinência.

---

[325] Nesse rumo de constatação, cabe observar não ser apenas uma a via conceitual passível de levar ao reconhecimento da dimensão ética do regime jurídico administrativo. Na Espanha, por exemplo, recorreu-se ao *princípio geral da boa-fé*, que, para Jesús Gonzáles Pérez, *no sólo tiene aplicación en el Derecho administrativo, sino que en éste ámbito adquiere especial relevancia. (...) Porque, en efecto, la presencia de los valores de lealtad, honestidad y moralidad que su aplicación conlleva es especialmente necesaria en el mundo de la relaciones entre las Administraciones públicas y entre las Administraciones públicas y los administrados* (PÉREZ, Jesús Gonzáles. *El Principio General de la Buena Fe en el Derecho Administrativo*. Madrid: Civitas, 1999, p. 44). Na Itália, desenvolveu-se a noção de *dever de boa administração*, especialmente com Raffaele Resta, para quem a idéia de boa administração *exprime um conceito final: é a atividade administrativa perfeitamente adequada no tempo e nos meios ao fim específico a alcançar* (RESTA, R. L'Onere di Buona Amministrazione. In: *Scritti Giuridici in Onore di Santi Romano*, 1940; *apud* MOREIRA NETO, Diogo de Figueiredo. Ob.cit., p. 48). Em Portugal, os princípios da imparcialidade e da boa-fé da Administração Pública, expressos na Constituição, manifestam tal dimensão ética (Cfe. MORAES, Germana de Oliveira. Ob.cit., pp. 92 e ss.).

Observe-se, por exemplo, a contribuição de Vladimir da Rocha França, em rumo semelhante ao que adotamos: *O conceito de moralidade administrativa deve estar calcado nos fundamentos (CF, art. 1º, I-V) e diretrizes (CF, art. 3º, I-IV) estabelecidos pela Constituição e que constituem as opções político-ideológicas de nosso sistema constitucional (...). O regime jurídico-administrativo pátrio rejeita quaisquer enfoques, teóricos ou jurisprudenciais, incompatíveis com esse lastro político-ideológico. É a ética da democracia e da cidadania que orienta o administrador, e, portanto, a que foi juridicizada pelo sistema de Direito Positivo.*[326]

Para Cármen Lúcia Antunes Rocha, a moralidade administrativa corresponde à *qualidade ética do comportamento virtuoso do agente que encarna, em determinada situação, o Estado Administrador, entendendo-se tal virtuosidade como a conduta conforme à natureza do cargo por ele desenvolvida, dos fins buscados e consentâneos com o Direito, e dos meios utilizados para o atingimento destes fins.*[327]

Ainda, José Augusto Delgado afirma que, enquanto *o princípio da legalidade exige ação administrativa de acordo com a lei, o da moralidade prega um comportamento do administrador que demonstre haver assumido como móbil da sua ação a própria idéia do dever de exercer uma boa administração.*[328]

Marçal Justen Filho, em exame sobre o princípio da moralidade pública no Direito Tributário, põe em relevo a idéia de função: *Quando se subordina o ato administrativo ao parâmetro da moralidade pública, tem-se em mente essa submissão do titular do poder ao interesse público e coletivo. O conceito de função retrata, em última análise, a secundariedade do interesse particular e pessoal do agente ao interesse coletivo. "Função pública" significa que o exercício da competência se submete à persecução do interesse público.*[329]

São numerosas, pois, como se pode ver, as lições encontráveis na nossa doutrina a definir a moralidade administrativa como conformidade à idéia de função administrativa, à idéia de cumprimento duma finalidade ditada pelo ordenamento, à idéia de exercício de competências vinculadas à persecução do interesse público e de observância do dever de boa administração, à idéia, enfim, que se coloca para a Administração, no quadro do Estado Social e Democrático de Direito, de pleno e fiel desempenho de sua função. Em

---

[326] FRANÇA, Vladimir da Rocha. Considerações sobre o Controle de Moralidade dos Atos Administrativos. *Revista Trimestral de Direito Público*, São Paulo, n. 27, 1999, p. 62.

[327] ROCHA, Cármen Lúcia Antunes. Ob. cit., p. 191.

[328] DELGADO, José Augusto. Princípio da Moralidade Administrativa e a Constituição Federal de 1988. *Revista Trimestral de Direito Público*, São Paulo, n. 1, 1993, p. 209.

[329] JUSTEN FILHO, Marçal. O Princípio da Moralidade Pública e o Direito Tributário. *Revista Trimestral de Direito Público*, São Paulo, n. 11, 1995, p. 47.

outras palavras, a moralidade administrativa corresponde a um estar em conformidade com a noção de função administrativa, engendrada no esquema conceitual que se desenvolveu no discurso ético-político da modernidade.

Postas as coisas nesses termos, cumpre avançar, sob o influxo de autores que proclamam a autonomização do princípio da moralidade administrativa no ordenamento jurídico brasileiro. É o caso, por exemplo, de Juarez Freitas, para quem o princípio da moralidade, como *princípio autônomo e de valia tendente ao crescimento, colabora, ao mesmo tempo, para o reforço dos demais e para a superação da dicotomia entre Direito e Ética.*[330] De fato, o princípio da moralidade, tal como se apresenta na Constituição, não apenas se consagra como também se autonomiza, surgindo, autonomamente, ao lado dos demais princípios da Administração Pública (art. 37, *caput*), além de contar, quando violado, como causa autônoma para ajuizamento de ação popular (art. 5º, LXXIII).

Faz-se mister, contudo, apreender corretamente essa autonomia. Não se há tomá-la como plena, já que o princípio da moralidade, expressando exigência de conformidade à idéia de função administrativa, sintetiza e veicula a substância do regime jurídico administrativo ou, se quisermos, o conjunto de valores e princípios que se tornaram indisponíveis no regime jurídico administrativo ao longo da formação da noção de Estado Social e Democrático de Direito. Bem por isso se diz que o princípio da moralidade assume, em nosso sistema, a condição de superprincípio.[331] Compartilhamos dessa visão, observando, porém, uma pequena nuança quanto à convivência entre o princípio da moralidade e os demais princípios da Administração Pública. Não nos parece que o princípio da moralidade abranja ou contenha, simplesmente, todos esses outros princípios, uma vez que se desenvolveram em linha independente, com carga conceitual própria, e não como derivação do princípio da moralidade administrativa. Basta pensar, por exemplo, nos princípios da propor-

---

[330] FREITAS, Juarez. *O Controle dos Atos Administrativos e os Princípios Fundamentais*. São Paulo: Malheiros, 1999, p. 68. Confira-se, igualmente, a lição de DI PIETRO, Maria Sylvia Zanella. Ob. cit., pp. 109 e ss.

[331] Veja-se, por exemplo, o que afirma Wallace Paiva Martins Júnior após referir os pressupostos de validade do ato administrativo: *O enfoque principal é dado ao princípio da moralidade na medida em que ele constitui verdadeiro superprincípio informador dos demais (ou princípio dos princípios), não se podendo reduzi-lo a mero integrante do princípio da legalidade. Isso proporciona, por exemplo, o combate de ato formalmente válido, porém destituído do necessário elemento moral. A moralidade administrativa tem relevo singular e é o mais importante desses princípios, porque é pressuposto informativo dos demais (legalidade, impessoalidade, publicidade, razoabilidade, proporcionalidade, motivação), muito embora devam coexistir no ato administrativo* (MARTINS JÚNIOR, Wallace Paiva. *Probidade Administrativa*. São Paulo: Saraiva, 2001, p. 31).

cionalidade e da boa-fé, que, inclusive, se fizeram elaborar, ao menos em parte, noutros ramos do direito. O quadro por nós figurado, assim, é o de um superprincípio – o princípio da moralidade administrativa – que, em posição elevada, ilumina e reforça todos os demais princípios do regime jurídico administrativo, inclusive o da legalidade, que também ocupa posto elevado, aparecendo como exigência de conformidade ao direito. De acordo com esse quadro, portanto, ambos os imperativos se colocam como superprincípios no regime jurídico administrativo, a ele conferindo qualidade formal e substancial.[332]

Inevitável, por tudo isso, o compartilhamento de zonas de incidência entre os princípios da Administração Pública, como atrás foi demonstrado. Pode-se mesmo notar, quanto ao princípio da moralidade, que dificilmente é aplicado sem que outro princípio (o da proporcionalidade, o da impessoalidade, o da supremacia do interesse público, etc.) tenha incidência. Esse fato não nos leva, entretanto, a negar sua autonomia, que, tomada em grau adequado, parece residir mais na posição que o princípio ocupa e nas funções que desempenha, conforme veremos no capítulo 6, e não no seu conteúdo, o qual mantém, sem dúvida, fortes pontos de contato com os demais princípios do regime jurídico administrativo, pois a grande maioria deles, se não todos, expressam mandados de conteúdo moral formados na ética do Estado Social e Democrático de Direito.

Porém, mesmo quanto a seu conteúdo, o princípio da moralidade revela deter alguma autonomia. É que tal conteúdo não corresponde à simples soma dos conteúdos dos demais princípios, porque, segundo pensamos, o princípio da moralidade carrega, em seu núcleo, o mandado de honestidade, todo seu, próprio da noção de moralidade num ambiente ressentido pela corrupção, como o que pudemos identificar no capítulo 3. Ainda, o princípio da moralidade, exigindo comportamento ético da Administração, cria um canal de

---

[332] A formulação aqui vazada encontra respaldo em decisão do Supremo Tribunal Federal relativa a caso em que vereadores dispuseram sobre a própria remuneração, sendo que, nessa decisão, o Ministro-Relator, considerando viciado o ato e admitindo a sua invalidação por ação popular, conferiu posição de destaque à moralidade administrativa: *É que a Constituição de 1988 estabelece, no art. 5º, LXXIII, que, mesmo que não tenha havido efetiva lesão ao patrimônio material público, ainda assim a ação popular poderá ser cabível, por isso que protege ela, também, a moralidade administrativa, que é também patrimônio, patrimônio moral da sociedade (...). Ora, legislar ou decidir em causa própria atenta contra a ética, traduz ato imoral. Uma lei que isto autorizasse seria uma lei imoral. E uma lei que isto proíbe, assim procede em obséquio, sobretudo, à ética e à moral. Assim, quando o legislador constituinte estabeleceu, no art. 29, VI, da Constituição, que a remuneração do Prefeito, do Vice-Prefeito e dos Vereadores será fixada em cada legislatura para a subseqüente, assim procedeu tendo em linha de conta a moral. Violada, então, a regra jurídica que assim dispõe, tem-se lesão à moralidade administrativa, que a Constituição consagra (CF, art. 37) e protege (CF, art. 5º, LXXIII).* Rel. Min. Carlos Velloso, Recurso Extraordinário nº 206.899/MG, 25/03/97.

O Princípio da Moralidade Administrativa

abertura do direito à moral, remanescendo aberto e sempre em formação o significado do *standard* moralidade.

Daí não vermos motivo para hesitações quanto à convivência entre o princípio da moralidade e o da legalidade no *caput* do art. 37 da Constituição. Ora, se o princípio da legalidade determina à Administração a submissão ao direito, o que inclui a observância de regras e princípios, nada mais adequado que o próprio art. 37, *caput*, indicar já, na seqüência, alguns dos princípios aos quais a Administração se submete. Ademais, o princípio da legalidade, enquanto exigência de juridicidade ou legalidade substancial, não contém nem abarca o da moralidade. Note-se como são diversos os seus mandados: o primeiro determina à Administração Pública a observância do direito; o segundo lhe ordena a observância de parâmetros éticos. Claro, o princípio da legalidade, ao determinar a observância do direito, aí incluídos os princípios jurídicos, determina a observância do princípio da moralidade. Ocorre que este, embora detenha conteúdo jurídico, mantém aberto o direito para a moral. Em outras palavras, o princípio da moralidade, expressando exigência de conformidade à idéia de função administrativa e cobrando, via de conseqüência, um comportamento ético do administrador, mantém aberta a argumentação jurídica para a argumentação moral, *i.e.*, para a moral crítica.

Em síntese, parafraseando Alexy, aduzimos que a autonomia do princípio da moralidade administrativa é uma autonomia fraca. Por isso e por tudo o mais que afirmamos, cremos ser inútil e até mesmo arbitrário perseguir uma autonomia forte. Sendo um truísmo hoje, após a contribuição da filosofia da linguagem, que as palavras não detêm um significado verdadeiro, não há como "descobrir" na moralidade um conteúdo mais estreito.

Nesse rumo é que consideramos equivocada a tentativa de cingir o conteúdo da moralidade administrativa à boa-fé. Certo, como vimos no capítulo 4, que a idéia inicial sobre a moralidade administrativa partiu de Hauriou e que, na primeira referência a essa idéia, em 1903, o autor traçou um paralelo entre a noção de boa administração e a de boa-fé, esta última recém acolhida, então, pelo Código Civil alemão (1900). Não nos parece, todavia, que Hauriou vislumbrasse identificação entre o conteúdo dessas noções; observava, isto sim, coincidência entre os enfoques que ambas permitiam sobre os atos jurídicos. Deveras, enquanto a boa-fé do direito alemão possibilitava um enfoque objetivo dos vícios subjetivos dos atos jurídicos, também a boa administração propiciava um enfoque objetivo dos vícios subjetivos do ato jurídico administrativo. Mas os conteúdos dessas noções – boa administração e boa-fé – não coincidiam porquanto diversos eram os critérios de sindicabilidade (da moralidade) do ato jurídico do direito privado e do ato jurídico administrativo. Com efeito, se é verdade que as duas noções apontavam para critérios como lealdade, honestidade e confiança, não menos verdadeiro é que tais critérios assumiam matizes distintos nos direitos público e privado.

Para além dessa proximidade inicial, que alguns pretendem reveladora, inexistem elementos analíticos que possam conduzir a uma identificação entre a moralidade administrativa e a boa-fé, mesmo que entendida esta em sua dimensão objetiva. É claro que o que hoje se entende por princípio geral da boa-fé tem aplicação no regime jurídico administrativo, como diversos autores já têm demonstrado. E, no nosso sistema, pode-se afirmar que tal princípio constitui um subprincípio do princípio da moralidade administrativa ou, por outra, que este gera para o administrador um dever de boa-fé. Mas o princípio da moralidade, com a forma e o significado que assume em nosso País, é mais amplo que o princípio da boa-fé.

Por fim, buscando, de certa forma, limpar o horizonte, procuraremos arredar também o entendimento, manifestado recentemente por alguns autores, de que a moralidade administrativa se encontra referida à moral comum. Pensamos, de fato, conservando a linha iniciada por Hauriou e desenvolvida pela nossa doutrina anteriormente a 1988, que a Administração Pública não está vinculada à moral comum. Expusemos, no capítulo 2, a distinção entre moral crítica e moral comum, convencional, definindo a primeira como instância normativo-crítica da práxis humana, especialmente da práxis observada em instituições como o direito e o Estado, e a segunda, como fenômeno social consistente na existência/observância de normas de comportamento baseadas em juízos comuns ou preponderantes sobre o que é bom ou mau, certo ou errado, justo ou injusto. Verificamos, naquela oportunidade, que o direito se remete à moral crítica, uma vez que a necessidade de fundamentar as decisões judiciais impede uma simples remessa a conteúdos morais convencionais nem sempre suficientemente justificados. A moral comum se forma, muitas vezes, de elementos religiosos ou dogmáticos, processando-se de maneira um tanto irrefletida e correspondendo, em parte, à concepção ética do emotivismo.[333] Já a moral crítica, como quisemos demonstrar, se compõe de princípios, alguns deles procedimentais e outros substanciais, desenvolvidos e apresentados mediante argumentos, que são capazes de ensejar consenso. A moral

---

[333] Sobre o emotivismo, reveja-se a nota nº 88.

comum, por seu turno, é plural, não havendo quem possa, em nossos dias, afirmar a existência de uma moral comum única e bem definida, nem mesmo nos limites estreitos de um só país. O mundo atual parece ter, como uma de suas notas, a coexistência de diversos sistemas morais, resultantes da pluralidade cultural de povos, raças e classes tão distintos, acima de tudo porque se acham, ainda hoje, em níveis de desenvolvimento diferenciados, a lhes submeter problemas e questionamentos éticos díspares.

A pluralidade de que então se fala torna incerto o conteúdo da moral comum, que não pode, em razão disso, servir de parâmetro para o direito, aplicando-se em relação a ela o argumento que Kelsen pretendeu opor contra todo tipo de moral. Incide aqui o imperativo da segurança jurídica, a desautorizar o entendimento de que o administrador terá de se curvar não só à lei, mas também aos ditames da moral comum. É que a segurança jurídica, valor fundamental no Estado de Direito, não tolera a coerção, em geral, e a cominação de sanção, em especial, sem que a norma imposta possa ser definida, *i.e.*, conhecida ou, ao menos, passível de sê-la.

A remessa do princípio da moralidade à moral comum, além de inconciliável com o imperativo da segurança jurídica, reconduziria, por outro lado, ao enfraquecimento do princípio da moralidade administrativa, pois a impossibilidade de definir o conteúdo dessa moral comum, ao qual o princípio estaria referido, levaria à sua inefetividade. Resultaria, assim, de as violações ao princípio da moralidade se solverem pela aplicação de outros princípios, como o da proporcionalidade, o da finalidade, o da impessoalidade. Acolhemos, neste ponto, por conseguinte, a tese de Márcio Cammarosano, que, em dissertação de doutoramento, rejeitou a idéia da referibilidade do princípio da moralidade administrativa à moral comum.[334]

A hipótese da referibilidade à moral comum é incompatível, a par de tudo isso, com a idéia de tolerância, reconhecida por nós (capítulo 2) como indispensável à convivência num mundo plural, decorrendo, outro mais, da impossibilidade de sustentar uma teoria ética absoluta em bases pós-metafísicas. A fragilidade de nossas certezas nos impõe uma atitude de respeito e tolerância pela diversidade, exigência que, nos domínios da matéria em estudo, conduz à preservação do espaço privado do administrador. Nada tem a ver a coletividade administrada, por exemplo, se o administrador é homossexual, ou mesmo, infiel no casamento, ainda que se trate de

---

[334] CAMMAROSANO, Márcio. *O Princípio Constitucional da Moralidade e o Exercício da Função Administrativa.* Tese de doutoramento apresentada junto ao Departamento de Direito do Estado da Pontifícia Universidade Católica de São Paulo no ano de 1997.

autoridade da mais alta hierarquia. A vida privada do agente público, que pode eventualmente contradizer determinados padrões da moral·comum (ou algo que assim se pretenda), nada interfere no pleno e fiel cumprimento da função administrativa, sendo lícito, no entanto, esperar que o agente público observe os seus deveres enquanto cidadão, respeitando, além disso, alguns padrões mínimos de decência. Oportuna, bem por isso, a lição nem tão nova de Alcides Cruz, que segue vazada na grafia original:

> *Todo funccionario publico tem o dever sacramental de desempenhar as funcções que lhe estão affectas com devotamento, diligencia e a maxima exacção (...). O empregado publico deve ter uma vida privada decente, ainda que isso seja um dever relativo. Pódem-se-lhe tolerar defeitos e fraquezas que respeitem tão sómente a sua vida intima; o que porém é certo é que uma vez vivendo escandalosamente, não póde ter autoridade, nem inspirar confiança ao publico, e, assim, desmoraliza o cargo que exerce.*[335]

Dispomos, em conclusão, de três boas razões para não acolher a idéia de que o princípio da moralidade administrativa esteja referido à moral comum. Em primeiro lugar, a moral comum, diferentemente da moral crítica, nem sempre se apresenta suficientemente fundamentada; em segundo, não podemos, devido à pluralidade ética de nossos dias, definir o conteúdo da moral comum; em terceiro, impõe-se, à vista do pluralismo ético, tolerar a diversidade.

Assim, enfrentada a tarefa de reconstrução conceitual-argumentativa do princípio da moralidade administrativa, passamos, no próximo capítulo, ao estudo das potencialidades deste princípio.

---

[335] CRUZ, Alcides. *Direito Administrativo Brasileiro*. Rio de Janeiro: Francisco Alves, 1914, pp. 91-2.

6. As potencialidades do princípio da moralidade administrativa: uma tarefa para a concretização da norma

Dedicamos este último capítulo ao exame das potencialidades do princípio da moralidade administrativa no intento de agregar à investigação conceitual do capítulo anterior uma formulação, ainda conceitual, das possíveis eficácias do ditame em estudo. Não iremos, nesta oportunidade, descer à casuística, sendo numerosos hoje os trabalhos que referem e examinam casos de incidência do princípio da moralidade administrativa.[336] Procuraremos, tão-somente, formular um panorama das potencialidades eficaciais (ou das funções)[337] do princípio da moralidade, almejando concorrer, enfim, para a concretização de tal norma.[338]

São diversas as formas como se pode elaborar um quadro das potencialidades do princípio da moralidade. Optamos, aqui, por

---

[336] Consulte-se, por exemplo, o trabalho de Wallace Paiva Martins Júnior, que traz, inclusive, farta referência jurisprudencial (MARTINS JÚNIOR, Wallace Paiva. *Probidade Administrativa*. São Paulo: Saraiva, 2001, pp. 24 e ss.).

[337] As *potencialidades eficaciais* em muito se aproximam do que alguns autores denominam *funções* do princípio da moralidade administrativa. Empregaremos, neste capítulo, ambas as expressões, destacando apenas que a primeira expressa melhor a idéia de que há algo por realizar.

[338] O conceito de norma por nós adotado é o conceito semântico, segundo o qual a norma jurídica é entendida como um significado deôntico, um dever-ser (ordem, proibição ou autorização) extraído de um enunciado, que se apresenta, na maioria das vezes, como um texto jurídico. Nesses casos, a norma equivale ao significado do texto. Mas nem sempre é assim, já que normas podem ser extraídas de sinais, ou mesmo, do próprio sistema, sem recurso a um texto determinado. Por essa razão, nos socorremos de Alexy, para quem, no reconhecimento da norma, *lo que hay que identificar es una entidad semántica, es decir, un contenido de significado que incluye una modalidad deóntica* (ALEXY, Robert. *Teoría de Los Derechos Fundamentales*. Madrid: Centro de Estudios Constitucionales, 1997, p. 53). É necessário também, para poder dizer se a norma identificada é uma norma jurídica, empregar os critérios de identificação do direito, que são variáveis, a depender da regra de reconhecimento, e que caracterizam a racionalidade própria do direito. Por fim, de observar que não nos filiamos, neste ponto, ao entendimento de Friedrich Müller, que inclui no conceito de norma os elementos do campo normativo e que identifica a norma somente no nível da concretização (MÜLLER, Friedrich. *Métodos de Trabalho do Direito Constitucional*. Porto Alegre: Síntese, 1999. pp. 48 e ss.).

O Princípio da Moralidade Administrativa

uma abordagem que nos leva a identificar três dimensões eficaciais, nas quais o princípio da moralidade cumpre ou pode cumprir três funções. No primeiro plano, trata-se da função conformadora e orientadora da atividade administrativa; no segundo, da função repressiva e punitiva; e, no terceiro, da função corretiva. Bem podemos, é verdade, reputar as duas últimas como funções repressivas, enquanto a primeira consideramos preventiva. A função punitiva (ou repressiva propriamente dita) é aquela que atua, uma vez inobservado o princípio da moralidade, sobre os sujeitos infratores (servidores, particulares). Já a função corretiva se projeta sobre a atividade administrativa, vale dizer, sobre a atividade administrativa objetivamente considerada (ato administrativo, procedimento administrativo, relação administrativa).[339]

Definido tal quadro, passamos a indicar vias de concretização do princípio da moralidade apropriadas a cada uma dessas funções, a saber: a formação ético-profissional do agente público, como via própria à função conformadora; a aplicação da Lei de Improbidade Administrativa, como via adequada à função repressiva; e a invalidação do ato administrativo, como via apropriada à função corretiva.[340]

6.1. A FUNÇÃO CONFORMADORA E A FORMAÇÃO ÉTICO-PROFISSIONAL DO AGENTE PÚBLICO

A primeira e mais importante função do princípio da moralidade é a da orientação, da conformação da atividade administrativa.

---

[339] Note-se como é tentador qualificar as funções repressiva e corretiva como manifestações subjetiva e objetiva, respectivamente, do princípio da moralidade administrativa. Evitaremos, no entanto, esses qualificativos por gerarem dúvidas e incompreensões.

[340] A formulação apresentada parte da idéia de que os princípios jurídicos, enquanto normas jurídicas, têm eficácias normativas. É a idéia, elaborada por Alexy, na esteira de Dworkin, de que as normas jurídicas se dividem em regras e princípios (ALEXY, Robert. *Teoria de Los Derechos...*, pp. 86 e ss.; DWORKIN, Ronald. *Los Derechos en Serio*. Barcelona: Ariel, 1997, pp. 72 e ss.). O leitor, a esta altura, talvez tenha dado falta de um conceito de princípio jurídico. Ocorre que, nesse tocante, divergimos de Alexy, não aceitando que princípios jurídicos sejam apenas os mandados de otimização. Não nos parece viável aprisionar a linguagem jurídica e desconsiderar que nela a voz *princípio* também aparece para designar, por exemplo, normas que expressam os fundamentos do sistema jurídico ou manifestam parâmetros de justiça indiscutidos, nem todas sujeitas a ponderação (sobre os diversos significados do termo *princípio*, veja-se CARRIÓ, Genaro. *Notas sobre Derecho y Lenguaje*. Buenos Aires: Abeledo-Perrot, 1994, pp. 203 e ss.). Consideramos que a obra iniciada por Dworkin e Alexy no sentido de diferenciar e definir regras e princípios requer complementação, sendo nosso plano enfrentar essa temática e as contribuições mais recentes a seu respeito em ulterior ocasião. Deixamos, por isso, em aberto o ponto, aduzindo que poderá ser consultado, entre nós, o clarividente artigo de ÁVILA, Humberto Bergmann. A Distinção entre Princípios e Regras e a Redefinição do Dever de Proporcionalidade. *Revista de Direito Administrativo*, Rio de Janeiro, n. 216, p. 151-79, jan./mar. 1999.

Por meio dela é que o princípio da moralidade se manifesta integralmente como norma sintetizadora e veiculadora da substância do regime jurídico administrativo. Podemos figurar, desde logo, algumas vias de expressão dessa função, entre elas a legislativa, devendo o legislador homenagear o princípio da moralidade sempre que inova em sede de Direito Administrativo. Contudo, a via que nos interessa e que será examinada neste tópico é a da formação ético-profissional do agente público, por estar a merecer um pouco mais de nossa atenção. Fala-se muito na responsabilização do agente público e na invalidação do ato administrativo por desrespeito, em ambos os casos, ao princípio da moralidade administrativa. Olvida-se, por vezes, que mais importante é fazer respeitar o princípio da moralidade administrativa, para que não se tenha, depois, que tratar de sua infração. Como ensina Caio Tácito, mais construtiva *do que a sanção de desvios de conduta funcional será a adoção de meios preventivos que resguardem a coisa pública de manipulações dolosas ou culposas. Mais valerá a contenção que a repressão de procedimentos ofensivos à moralidade administrativa.*[341]

Certo, esse trabalho preventivo de implementação da moralidade constitui tarefa extensa e complexa, que não se realiza sem uma firme determinação. Ela depende de um esforço amplo e diário, de formação, conscientização e mudança de mentalidade. O agente público, como elemento humano de que se compõe, em última análise, a Administração Pública, tem de saber da seriedade de seu mister. Deve estar ciente de que sua posição apenas se justifica enquanto voltada ao bom atendimento da população. Em outras palavras, a condição de ocupante de cargo ou emprego público não pode ser

---

[341] TÁCITO, Caio. Moralidade Administrativa. *Revista Trimestral de Direito Administrativo*, Rio de Janeiro, n. 218, out./dez. 1999, p. 5. Veja-se também como propõe Juarez Freitas em estudo sobre a Lei de Improbidade Administrativa: *Uma exegese finalística, nos termos propostos, não faz prescindir de alterações outras de matiz sociológico, nem substitui, muito ao revés, o trabalho indispensável e digno de maciços investimentos, no sentido da sensibilização formativa do agente público e da própria coletividade em sua relação com o aparato estatal. Faz-se imprescindível, bem menos por temor e muitíssimo mais por espontânea persuasão, interiorizar padrões éticos respeitáveis, se se quiser timbrar a jornada dos que lidam com a coisa pública pelo acatamento cabal aos princípios superiores. Indubitavelmente, a eticidade apenas haverá de se tornar um bem universalizado, gerando o correlato afastamento do "improbus administrator" e dos seus comparsas, se vivificada – sem ingenuidade – a noção de cidadania plena e adulta, antes pela formação contínua do que pela repressão, ainda que já se mostrando louvável, na solução do constituinte, o incipiente anelo de superar as vias ortodoxas, tendência que deveria ser acolhida como irreversível em todas as áreas do saber jurídico. Em outras palavras, é no íntimo da cultura mesma das relações de administração, mais do que na exterioridade das regras, que devem ser concentradas as mais caras esperanças de revigoramento dos vínculos éticos, tudo reforçado pela descontaminação gradual da hodierna ambiência marcada por uma desintegradora e violenta desconfiança generalizada* (FREITAS, Juarez. Do Princípio da Probidade Administrativa e de sua Máxima Efetivação. *Revista de Direito Administrativo*, Rio de Janeiro, n. 204, abr./jun. 1996, p. 84).

vista como simples "ganha-pão", nem, muito menos, como privilégio; ela tem de ser compreendida como um múnus, um encargo público, o que de fato é.

Porém não se espere que os indivíduos selecionados nos concursos públicos tragam, já por si, tal conhecimento. Será preciso conscientizá-los, quem sabe, de início, com uma boa e formal solenidade de posse. Mas o treinamento e a motivação, vez por outra, são de rigor. Afinal, como poderá o agente público atender bem à população quando inteiramente despreparado e desmotivado? Não estamos a dizer – cabe explicitar – que o treinamento e a motivação sejam eficazes contra todo tipo de conduta imoral, aí incluída, quem sabe, a mais requintada forma de corrupção. O que estamos a afirmar, simplesmente, é a necessidade de imbuir a Administração de um modo de ser compatível com a sua razão de existir, para que assim ela possa realizar a missão de que a Constituição a investe.

Toda essa tarefa depende, em primeiro lugar, da revalorização da Administração Pública e da reproposição do Estado enquanto instância apta à gestão de nossos interesses. Há se reverter, por conseguinte, o desprestígio do Estado, bem assim a campanha de desvalorização da Administração Pública levada a efeito, em nosso país, nos últimos anos, paralelamente ao enxugamento da máquina administrativa.[342] Faz-se mister, por tudo isso, recuperar a auto-estima e o moral do agente público. E daí falarmos não apenas em treinamento como também em motivação. O treinamento incluiria lições sobre a finalidade genérica da Administração (a realização do bem comum) e a finalidade específica de cada órgão (treinamento técnico relativo às competências). A motivação consistiria em despertar e estimular o agente público para um fiel e competente desempenho profissional, atraindo-o, ao mesmo tempo, para a causa institucional da Administração, ou seja, para a realização da função administrativa.

Nada há de novo – sabemos – no que estamos a dizer sobre o treinamento, sendo nossa intenção, tão-somente, enfatizar a sua importância, ressaltando a necessidade de investimentos na formação

---

[342] O que se verificou no Brasil foi um processo de preparação da população para a onda de privatizações ocorrida na década de 1990 e para a reforma administrativa implementada com a Emenda Constitucional nº 19/98, explorando-se, na mídia brasileira, os problemas da ineficiência e da corrupção da Administração, problemas existentes, resultando, todavia, como saldo dessa campanha, o agravamento da crise de credibilidade do Estado e da Administração Pública. Ao preconizar a reversão dessa campanha, não estamos, muito antes pelo contrário, a defender que não sejam divulgados os vícios da máquina pública brasileira. Estamos, isto sim, a dizer, como declaramos no pórtico deste trabalho, que a realização do bem comum depende da atuação estatal, impondo-se, em conseqüência, resgatar a confiança da população no Estado e na Administração.

ético-profissional do agente público. Quanto à motivação, cabe acrescentar que estão disponíveis, hoje, uma série de técnicas, muito utilizadas no setor privado, que poderão, algumas delas, frutificar no setor público.[343] Aliás, já temos visto gerar bons frutos o emprego de técnicas de motivação associado ao treinamento em alguns entes e órgãos públicos.

Considere-se ainda que, quando referimos que o treinamento deve incluir lições sobre a finalidade genérica da Administração, imaginamos também lições sobre o regime jurídico administrativo, impondo-se esclarecer o agente público sobre os princípios que lhe devem nortear a atividade, entre eles o da moralidade. E o que em alguns órgãos será apenas esclarecimento e formação, noutros consistirá em verdadeira mudança de mentalidade. De fato, quando mencionamos a necessidade de recuperar o moral e a auto-estima dos agentes públicos, tínhamos em mente aqueles que, dedicados ao fiel cumprimento de seu mister, viram-se imensamente desprestigiados e desestimulados, nesses últimos anos, com a campanha de desvalorização da Administração Pública, o enxugamento da máquina estatal e a falta de investimentos em treinamento. Outros há, no entanto, que, por haverem adentrado o serviço público pela porta do favorecimento, do compadrio ou do aliciamento eleitoreiro, jamais tiveram qualquer espírito público que pudesse amainar.

A concretização do princípio da moralidade administrativa através da formação ético-profissional do agente público está a depender, portanto, de uma robusta e enérgica determinação daqueles que ocupam postos de direção em órgãos e instituições da União, dos Estados e dos Municípios. Trata-se, como já dissemos, de tarefa extensa e complexa, sendo necessário repercutir ampla e profundamente na Administração Pública a idéia de moralidade.

6.2. A FUNÇÃO REPRESSIVA E A APLICAÇÃO DA LEI DE IMPROBIDADE ADMINISTRATIVA

Em seguida, aparece, em nosso esquema conceitual, a função repressiva do princípio da moralidade administrativa, a encontrar via de expressão na aplicação da Lei de Improbidade Administrativa. Claro que essa não é a sua única via de expressão, havendo, também, em nosso sistema, a possibilidade de os atos violadores ao

---

[343] É bastante respeitada, por exemplo, entre os profissionais da área de treinamento e motivação, a linha proposta por VIANNA, Marco Aurélio F. *Trabalhar para quê? A Motivação Profissional nas Equipes Realizadoras*. São Paulo: Gente, 1997.

princípio da moralidade administrativa serem objeto de responsabilização nas esferas penal e disciplinar. A moralidade administrativa, como um *standard* exigido da Administração, se coloca, assim, como um bem jurídico, *i.e.*, como um bem juridicamente protegido nas diversas instâncias de responsabilização. Mas, com toda a certeza, é a aplicação da Lei de Improbidade a via mais adequada à responsabilização por violação ao princípio da moralidade administrativa, achando-se tal responsabilização prevista já na Constituição (art. 37, § 4º),[344] onde aparece como complemento do princípio da moralidade e como peça fundamental do regime que ora se impõe à Administração em nosso País.

Num primeiro momento, todavia, a Lei de Improbidade acarreta para o agente público um dever de probidade, que se compreende ainda na dimensão preventiva atrás cogitada.[345] O dever de probidade do agente público se define, a *contrario sensu* das figuras tipificadas na Lei nº 8.429/92, como o de não incorrer em enriquecimento ilícito (art. 9º), na prática dolosa ou culposa de conduta que cause lesão ao erário (art. 10) ou na violação dos princípios da Administração Pública (art. 11). Assim, a Lei nº 8.429/92, ainda no plano preventivo, explicita as condutas em que o agente não pode incorrer para bem realizar a função administrativa e concretizar a idéia de função administrativa, em seu sentido normativo, respeitando, por conseqüência, o princípio da moralidade administrativa. Nessa ótica, enfim, surge o dever de probidade como manifestação e densificação do princípio constitucional da moralidade.[346]

Ocorre que tal dever não se encontra suficientemente explicitado. A Lei nº 8.429/92 carrega texto obscuro, pleno de vaguezas, como têm podido registrar autores que sobre ela se têm debruçado.[347] Repa-

---

[344] Recorde-se o que prevê o art. 37, § 4º, da Constituição: *Os atos de improbidade administrativa importarão a suspensão dos direitos políticos, a perda da função pública, a indisponibilidade dos bens e o ressarcimento ao erário, na forma e gradação previstas em lei, sem prejuízo da ação penal cabível.*

[345] Note-se que a responsabilização por ato de improbidade pode recair também sobre os particulares, conforme determina o art. 3º da Lei 8.429/92: *As disposições desta Lei são aplicáveis, no que couber, àquele que, mesmo não sendo agente público, induza ou concorra para a prática do ato de improbidade ou dele se beneficie sob qualquer forma direita ou indireta.*

[346] A formulação aqui adotada, embora divergente, não nos parece conflitante a dos autores que identificam, no regime jurídico administrativo, um princípio da probidade, desde que, segundo pensamos, este último seja considerado como um subprincípio do princípio da moralidade. Interessante a percepção de Juarez Freitas, que afirma poder *ser reelaborada a noção conceitual do princípio da probidade administrativa, vendo-o como aquele que veda a violação de qualquer um dos princípios, independentemente da caracterização de dano material, desde que tal violação se mostre causadora concomitante de um dano mensurável, num certo horizonte histórico, à moralidade administrativa* (FREITAS, Juarez. Do Princípio da Probidade..., p. 71).

[347] Veja-se, por exemplo, MELLO, Cláudio Ari. Improbidade Administrativa: Considerações sobre a Lei nº 8.429/92. *Revista dos Tribunais*, São Paulo, v. 3, n. 11, abr./jun. 1995, pp. 52 e ss.

re-se, no que dispõe o art. 11, em autêntico retorno ao material de que se origina: *Constitui ato de improbidade administrativa que atenta contra os princípios da administração pública qualquer ação ou omissão que viole os deveres de honestidade, imparcialidade, legalidade e lealdade às instituições.* Essa redação, defeituosa como se tem dito, requer uma leitura adequada do intérprete, não lhe sendo dado afirmar que o simples descumprimento de lei por parte do agente caracteriza ato de improbidade por violação ao dever de legalidade como previsto no referido artigo. Deve-se admitir a possibilidade de falhar o agente, ser humano que é, como qualquer outro. Um padrão, contudo, lhe é exigido, padrão médio, podemos dizer, abaixo do qual se verificam pouco caso e desapreço do agente para com o seu mister.[348]

Nada obstante, tem-se, no art. 11 da Lei nº 8.429/92, valioso elemento de controle do atuar imoral do agente público, explicitando tal ditame não apenas a exigência de comportamento ético e de cumprimento dos princípios da Administração Pública como também a possibilidade de responsabilização independentemente da ocorrência de dano material ao patrimônio público.[349] Avulta imperiosa, ante tal disposição, a concretização dos *standards* que perfazem a moralidade administrativa, como honestidade, imparcialidade, lealdade, entre outros. E, uma vez inobservado o dever de probidade, por ferimento seja do art. 11 seja dos arts. 9º ou 10, incidem as sanções previstas no art. 12, como suspensão dos direitos políticos, perda da função pública, ressarcimento ao erário, multa, proibição de contratar com o poder público e de receber benefícios ou incentivos fiscais e creditícios.

É então que se manifesta, propriamente, a função repressiva do princípio da moralidade administrativa como ventilada no presente tópico. Não sendo o caso, neste estudo, de adentrar as questões suscitadas a respeito da aplicação da Lei nº 8.429/92, passamos, simplesmente, a enfatizar a sua relevância qual instrumento de proteção à moralidade administrativa ou, em outras palavras, de concretização do princípio da moralidade administrativa. Cumpre destacar, nessa linha, o papel do Ministério Público como ente capacitado ao manejo do referido instrumento, embora autorizada igualmente a entidade administrativa lesada.[350] Tem-se observado, em

---

[348] Cfe. OSÓRIO, Fábio Medina. *Improbidade Administrativa: Observações sobre a Lei nº 8.429/92.* Porto Alegre: Síntese, 1997, p. 104.

[349] Sobre a desnecessidade de dano material para a caracterização de ato de improbidade, veja-se LIMBERGER, Têmis. *Atos da Administração Lesivos ao Patrimônio Público: Os Princípios Constitucionais da Legalidade e Moralidade.* Porto Alegre: Livraria do Advogado, 1998, pp. 139 e ss.

[350] Confira-se o que dispõe o art. 17 da Lei nº 8.429/92: *A ação principal, que terá o rito ordinário, será proposta pelo Ministério Público ou pela pessoa jurídica interessada (...).*

O Princípio da Moralidade Administrativa

realidade, a inação das entidades administrativas paralelamente a uma forte atuação ministerial. E, pior, tal inação muitas vezes consiste não só em não propor as ações cabíveis como também em não apurar as infrações praticadas. Em alguns casos, se constata a prática, há muito conhecida, de alongar e/ou anular processos disciplinares, colhidos, a final, pela prescrição. O que aí se percebe, então, nada tem a ver com a noção de autotutela, extremamente cara no regime jurídico administrativo; parece mais algo como a tutela do agente faltoso no interesse corporativista de órgãos ou instituições.[351] Não é por outra razão que se tem revelado o Ministério Público – instituição independente à luz da Constituição – como entidade vocacionada à aplicação da Lei de Improbidade Administrativa.[352]

Está claro, mais uma vez, por tudo isso, que a mudança de mentalidade terá de ocorrer, representando a Lei nº 8.429/92, equilibradamente aplicada, poderoso instrumento na consecução desse fim. Vejamos, a seguir, como se dá a concretização do princípio da moralidade no controle do ato administrativo.

6.3. A FUNÇÃO CORRETIVA E A INVALIDAÇÃO DO ATO ADMINISTRATIVO

A terceira função do princípio da moralidade por nós identificada, a função corretiva, encontra sua via de expressão na invalida-

---

[351] Encontramos lastro para tais afirmações em nossa experiência, de cinco anos, como membro do Ministério Público Federal, sendo que, no referido período, atentamos para um considerável número de casos em que formalidades eram invocadas pela Administração a fim de retardar os processos disciplinares, ou mesmo, de anulá-los após concluídos. Houve caso em que, por longo período, quase todas as condenações disciplinares exaradas em repartição local de determinado Ministério resultavam invalidadas quando remetidas a Brasília para fins de aplicação da penalidade.

[352] Incompreensíveis, por essa razão, inovações como a que se pretendeu efetivar com a Medida Provisória nº 2.088-35, de 27 de dezembro de 2000, que, além de definir como ato ímprobo *instaurar temerariamente inquérito policial ou procedimento administrativo ou propor ação de natureza civil, criminal ou de improbidade, atribuindo a outrem fato de que o sabe* (sic) *inocente*, acrescentando novo inciso no art. 11 da Lei nº 8.429, inseria, no art. 17 da mesma Lei, dentre outros, os seguintes parágrafos: § 10. *O réu poderá, em reconvenção, no prazo da contestação, ou em ação autônoma, suscitar a improbidade do agente público proponente da ação configurada nos termos do art. 11, incisos I e VIII, desta Lei, para a aplicação das penalidades cabíveis.* § 11. *Quando a imputação for manifestamente improcedente, o juiz ou o tribunal condenará nos mesmos autos, a pedido do réu, o agente público proponente da ação a pagar-lhe multa não superior ao valor de R$ 151.000,00 (cento e cinqüenta e um mil reais), sem prejuízo do disposto no parágrafo anterior.* Sucede, felizmente, tão grande foi a reação no meio jurídico (mesmo tendo sido editada a Medida Provisória no período de fim de ano), com a publicação, em diversos jornais, de artigos de juristas denunciando as impropriedades da Medida e as conseqüências deletérias que representava na luta contra a imoralidade, que não foram reeditadas as referidas inovações.

ção do ato administrativo. Trata-se da eficácia corretiva do princípio da moralidade, observada quando este é aplicado na anulação de ato administrativo viciado. Aqui passamos, então, a dirigir nossa atenção à atividade administrativa objetivamente considerada, figurada no ato administrativo. Bem sabemos que ele não é mais o conceito central do Direito Administrativo, hoje disputando espaço com noções como o procedimento (ou o processo) administrativo e a relação administrativa.[353] De toda sorte, cumpre ainda o ato administrativo papel essencial na veiculação e na materialização da atividade administrativa, de modo que será ele observado como figura que sofre controle via aplicação do princípio da moralidade. Ora, desrespeitado tal princípio, exsurge viciado o ato, cabendo a sua anulação pela Administração ou pelo Poder Judiciário. Com efeito, autorizado estará o Poder Judiciário ao exercício do controle jurisdicional do ato eivado e à sua invalidação, desde que proposta ação judicial formulando semelhante pedido.

Com isso, tocamos, forçosamente, o tema da discricionariedade administrativa, já que o âmbito mais suscetível à violação da moralidade é mesmo o da discricionariedade. Novamente, não iremos enveredar por caminhos sinuosos, como os que se põem em torno da noção de discricionariedade. Desejamos, apenas, reafirmar, nesta ocasião, a inexistência, no terreno da atividade administrativa, de qualquer espaço que seja intocável pelo direito. Impõe-se à Administração Pública o princípio da legalidade – da legalidade substancial, como visto anteriormente –, a lhe determinar a observância de todos os ditames jurídicos, de todas as normas, sejam elas regras ou princípios. O princípio da legalidade surge, portanto, nesse quadro, como fundamento normativo maior, verdadeiro sustentáculo do regime jurídico administrativo. Ao seu lado se coloca o princípio da moralidade, elaboração conceitual que, em nosso sistema, manifesta a substância do regime jurídico administrativo.

---

[353] Acompanhe-se a lição de Vasco Pereira da Silva, em comentário sobre a realidade da Administração Pública no que já denomina Estado pós-social: *O surgimento da Administração de infra-estrutura, com todas as transformações inerentes, potenciou a tendência, que já vinha de trás, no sentido da complexificação das formas de actuação das autoridades administrativas e do reequacionamento do papel desempenhado pelo acto administrativo. No que respeita às formas de actuação da Administração colocam-se, agora, questões jurídicas novas (ou enunciadas de forma diversa), como seja a da eficácia dos actos administrativos em relação a terceiros, a da proliferação das decisões-plano, ou a do surgimento das actuações administrativas informais* (SILVA, Vasco Pereira da. Ob. cit., p. 135). *Como seria de esperar, todas estas transformações introduzidas pela Administração prospectiva ou de infra-estruturas não vão deixar indiferente a doutrina jurídico-administrativa. Olhando para a actual situação dogmática do Direito Administrativo, eu diria que tais alterações tanto vão determinar o aparecimento de novas concepções doutrinárias de caráter global, como podem ir no sentido do reforço das referidas tendências alternativas à clássica teoria do acto administrativo, designadamente as que tomam por base a relação jurídica e o procedimento administrativo, que surgem agora sob forma melhorada ou readaptada às novas circunstâncias* (ibid., p. 139).

Pois muito bem. Naqueles espaços onde não esteja a lei a fixar, expressamente, o atuar administrativo, recairá sobre a Administração a exigência de moralidade, *i.e.*, a exigência de concretização do *standard* moralidade, que, para a Administração, consiste no estar orientada à realização de sua função, *standard* que implica a manutenção de um comportamento ético. Assim, o princípio da moralidade, orientando (ou devendo orientar) a aplicação da lei pela Administração na prática do ato administrativo, ensejará, também, quando desrespeitado, a invalidação do ato praticado.

Conclusão

Em remate, queremos sinalar algumas observações postas ao longo do trabalho e, unindo os fios discursivos, quem sabe chegar a um ponto do qual possamos adequadamente contemplar o regime jurídico administrativo vigente em nosso País. É que, se as idéias até aqui delineadas em torno do princípio da moralidade estão certas, tal princípio se encontra a iluminar, em nosso sistema, todo o regime jurídico administrativo, este requerendo, para bem ser compreendido, uma correta percepção do princípio da moralidade administrativa.

Pois, sobre a relação entre o direito e a moral, vimos, na primeira parte do trabalho, que a tese positivista – a tese da separação entre o direito e a moral –, representando a superação do jusnaturalismo, a rejeição dos elementos metafísicos presentes no conhecimento jurídico e a adequação desse conhecimento à visão científico-racional do homem moderno, encontra sua melhor expressão em Hart, cujo conceito geral de direito, se não inclui uma referência à moral, tampouco a exclui, podendo a regra de reconhecimento, num determinado ordenamento – ou tradição, como pensamos –, remeter a critérios de identificação e validade que submetam o direito à moral. Verificamos, contudo, que o positivismo, mesmo em Hart, não oferece solução ou, pelo menos, solução satisfatória ao problema da fundamentação e da legitimação do direito. Em Kelsen, na esteira de Max Weber, o direito se parece legitimar na sua própria forma, nas condições e nos critérios de legalidade, enfim, na sua própria racionalidade, sendo o fator determinante dessa forma de pensamento, sem dúvida, o não cognoscitivismo ético.

Seguindo autores como Habermas e Alexy, aceitamos, porém, a viabilidade do conhecimento e da fundamentação racional da moral, pela via procedimental-discursiva, através da qual não se obtém, é verdade, uma fundamentação última, mas uma fundamentação suficiente, já por si, ao afastamento do relativismo ético. Abrem-se, dessa arte, novos caminhos em direção a horizontes mais prometedores, caminhos que nos levam a abraçar o cognoscitivismo ético –

aceita uma fundamentação procedimental-discursiva da moral – bem como a tese da vinculação entre o direito e a moral. São, novamente, os instrumentais teóricos de Habermas e Alexy, em particular os respectivos argumentos da legitimação e dos princípios, que nos permitem reconhecer, no âmbito da tradição ocidental da modernidade, a vinculação entre o direito e a moral. O direito é compreendido, então, na linha dos referidos autores, como um fenômeno, um acontecer lingüístico-argumentativo verificado em processos institucionalizados, apresentando-se a relação entre o direito e a moral como algo dinâmico, que não se acomoda aos esquemas conceituais estáticos da doutrina mais tradicional. A relação entre o direito e a moral se exibe, sobejamente, no momento em que a argumentação jurídica se abre para a argumentação moral, que, do mesmo modo, consiste num fenômeno lingüístico-argumentativo. É nessa abertura e nos argumentos morais a que se remete que o direito se legitima, e não apenas na sua forma e nos seus critérios de legalidade. O direito, como demonstra Alexy, sempre contém uma pretensão de correção, que o remete a pontos de vista e a argumentos morais quando a fundamentação é exigida (nas decisões judiciais, por exemplo) em virtude das suas insuficiências técnicas. Tais insuficiências, que habitam a forma do direito, provocam o surgimento dos chamados casos difíceis, cuja solução depende da aplicação de princípios morais que passam a integrar o sistema jurídico por meio da aplicação judicial ou da positivação legal e que, apesar disso, continuam a cobrar sentido na argumentação moral. Assim, o direito, no contexto da modernidade, se vincula à moral, é dizer, à moral crítica e argumentativa, e não à moral convencional, sendo na primeira, em última análise, que são encontrados os fundamentos do direito do Estado, ou melhor, do direito do Estado de Direito, fixados argumentativamente na tradição ético-política da modernidade.

Na segunda parte do trabalho, voltando nosso olhar para a Administração Pública e sua disciplina, percebemos que ambas evoluíram, no contexto da modernidade e do Estado de Direito, segundo alguns princípios ou, simplesmente, algumas idéias fundamentais, em especial a da legalidade. Tal idéia se definiu, no entanto, à luz do positivismo, notadamente do positivismo legalista francês, como exigência de conformidade à lei formal. Foi partilhando dessa compreensão, enfim, que Hauriou formulou a noção de moralidade administrativa, acreditando não ser possível controlar o desvio de poder, já no âmbito da discricionariedade, por meio da legalidade. Mas o Direito Administrativo, na França, ao longo do século XX, redefiniu a noção de legalidade, que então passou a significar exigência de conformidade ao direito. Tornou-se possível, em conseqüência, fiscalizar a discricionariedade administrativa independentemente da noção de moralidade, resultando descartada a construção de Hauriou. Já no Brasil ela encontrou solo fértil, vendo-se recepcionada pela nossa doutrina e, mais tarde, pela Constituição.

Dispomos, assim, do princípio constitucional da moralidade administrativa como elemento integrante do nosso regime jurídico administrativo, ou seja, como elemento que deve atuar na conformação e no controle da Administração Pública em meio ao que denominamos crise do modelo estatal social-interventivo. Cabendo-nos manejar tal elemento, problematiza-se o seu significado, que, como vimos, evolui desde a idéia inicial de Hauriou.

Em razão disso, propusemos, na terceira parte do trabalho, identificar a tradição de sentido na qual o princípio da moralidade ressai a partir da nova Carta e, na seqüência, enquadrar tal tradição na moldura constitucional, formada, em grande parte, pelos princípios estruturantes. Nesse momento, observamos que, mais do que enquadrar o princípio nessa moldura, trata-se de extrair desse quadro normativo a exigência mesma da moralidade administrativa, como decorrência da idéia de função. De fato, tal enquadramento nos proporciona uma visão privilegiada, deixando-se entrever a idéia-força da exigência, *i.e.*, do princípio da moralidade administrativa, que é a idéia de função administrativa, já presente na construção de Hauriou. Claro, se essa idéia hoje flui do marco do Estado Social e Democrático de Direito, outrora derivava de noções como Estado de Direito, soberania popular, separação dos Poderes, direitos dos indivíduos.

O princípio da moralidade administrativa surge, então, no marco do Estado Social e Democrático de Direito, como exigência de conformidade à idéia de função administrativa. A moralidade administrativa, de sua vez, aparece como um padrão, um *standard* exigido da Administração, consistente em estar ela orientada à plena e fiel execução de sua função. Daí nos ser permitido dizer que o princípio da moralidade se apresenta, no quadro normativo-conceitual dado, como norma veiculadora da substância do regime jurídico administrativo, ocupando, em tal regime, ao lado do princípio da legalidade, o ponto mais elevado, de onde ilumina e reforça todos os demais princípios da Administração Pública. Entretanto, o princípio da moralidade administrativa não corresponde a uma simples soma desses outros princípios. Em primeiro lugar, porque contém, numa sociedade ressentida pela corrupção, o mandado de honestidade; em se-

O Princípio da Moralidade Administrativa

gundo, porque cria, em virtude de sua formulação indeterminada, um canal de abertura às exigências éticas impostas à Administração.

Nesse rumo, podemos afirmar que o princípio da moralidade ocasiona a intensificação da relação entre o direito e a moral, caracterizando uma abertura do regime jurídico administrativo à moral crítica, no que ela diz com o Estado e a Administração, em outras palavras, no que se diz e se argumenta sobre o Estado e a Administração no plano da moral crítica. E, nesse âmbito, sobressai, quanto à Administração Pública, a idéia de função administrativa, por traduzir a posição da Administração no quadro delineado no discurso ético-político da modernidade. A idéia de função administrativa implica, para a Administração, a exigência de um comportamento ético, de um comportamento conforme à ética da modernidade. Logo, o princípio da moralidade administrativa, explicitando essa exigência em nosso ordenamento, impõe à Administração Pública a observância de um comportamento ético, ou seja, de um comportamento adequado ao discurso ético da modernidade, com todas as conseqüências e derivações daí resultantes.

Finalmente, concluímos que, como os demais princípios da Administração Pública, também o da moralidade se acha referido a um *standard* próprio, qual seja, o do comportamento ético. O princípio da moralidade administrativa se coloca, em nosso sistema, como um superprincípio, que manifesta a substância do regime jurídico administrativo, iluminando-o e reforçando-o. Mas se coloca, igualmente, por outro lado, como um princípio autônomo, a exigir da Administração Pública um comportamento ético.

Bibliografia

ABBAGNANO, Nicola. *Dicionário de Filosofia*. 4 ed. São Paulo: Martins Fontes, 2000.

ABRAMOVICI, Pierre. Objectifs Economiques et Clientelisme: Les Jeux Dispendieux de la Corruption Mondiale. In: LE MONDE DIPLOMATIQUE: banco de dados. Disponível em http://www.monde-diplomatique.fr. Acesso em 07 ago. 2001.

ALESSI, Renato. *Sistema Istituzionale del Diritto Amministrativo Italiano*. 2. ed. Milano: Dott. A. Giuffrè, 1958.

ALBERT, Hans. *Traktat über Kritische Vernunft*. Tübingen: Mohr, 1991.

ALEXY, Robert. *El Concepto y la Validez del Derecho*. 2. ed. Barcelona: Gedisa, 1997.

———. *Derecho y Razón Práctica*. México: Biblioteca de Ética, Filosofía del Derecho y Política, 1993.

———. *Teoría de la Argumentación Jurídica: La Teoría del Discurso Racional como Teoría de la Fundamentación Jurídica*. Madrid: Centro de Estudios Constitucionales, 1989.

———. *Teoría de Los Derechos Fundamentales*. Madrid: Centro de Estudios Constitucionales, 1997.

———. *Theorie der juristischen Argumentation: Die Theorie des rationalen Diskurses als Theorie der juristischen Begründung*. 3. Aufl. Frankfurt: Suhrkamp, 1996.

ALMEIDA, Guilherme de Assis; BITTAR, Eduardo C. B. Ver: BITTAR, Eduardo C. B.; ALMEIDA, Guilherme Assis de.

ALVES, Rogério Pacheco; GARCIA, Emerson. *Improbidade Administrativa*. Rio de Janeiro: Lumen Juris, 2002.

AMARAL, Diogo Freitas do. *Curso de Direito Administrativo*. 2. ed. Coimbra: Almedina, 2001, 2 v.

ANDRADE, José Carlos Vieira de. *O Dever de Fundamentação Expressa de Actos Administrativos*. Coimbra: Almedina, 1991.

APEL, Karl-Otto. *Teoría de la Verdad y Ética del Discurso*. Barcelona: Paidós, 1995.

ARENDT, Hannah. *The Human Condition*. 2. ed. Chicago/London: University of Chicago, 1998.

ARÉVALO, Manuel Clavero. *Estudios de Derecho Administrativo*. Madrid: Civitas, 1992.

ARISTÓTELES. *Ética a Nicômanos*. Brasília: UnB, 1985.

ÁVILA, Humberto Bergmann. *A Distinção entre Princípios e Regras e a Redefinição do Dever de Proporcionalidade*. Revista de Direito Administrativo, Rio de Janeiro, n. 216, p. 151-79, jan./mar. 1999.

AUSTIN, John Langshaw. *Quando Dizer é Fazer: Palavras e Ação*. Porto Alegre: Artes Médicas, 1990.

BACELLAR FILHO, Romeu Felipe. Breves Reflexões sobre a Jurisdição Administrativa: Uma Perspectiva de Direito Comparado. *Revista de Direito Administrativo*, Rio de Janeiro, n. 211, 1998.

BAGHRAMIAN, Maria; INGRAM, Attracta. (Org.). *Pluralism: the Philosophy and Politics of Diversity*. Londres/Nova Iorque: Routledge, 2000.

BANDEIRA DE MELLO, Celso Antônio. *Curso de Direito Administrativo*. 12 ed. São Paulo: Malheiros, 2000.

——. *Discricionariedade e Controle Jurisdicional*. 2. ed. São Paulo: Malheiros, 2000.

BARZOTTO, Luis Fernando. *O Positivismo Jurídico Contemporâneo*. São Leopoldo: Unisinos, 1999.

BASTOS, Celso Ribeiro. *Curso de Direito Administrativo*. São Paulo: Saraiva, 1994.

BENTHAM, Jeremy. *Fragmento sobre el Gobierno*. Madrid: Aguillar, 1973.

——. *An Introduction to the Principles of Morals and Legislation*. In: BURNS, J.H.; HART, H.L.A. (Org.). Nova Iorque: Oxford University, [1996?].

BERTHÉLEMY, H. *Traité Élémentaire de Droit Administratif*. 11. ed. Paris: Librairie Arthur Rousseau, 1926.

BITTAR, Eduardo C. B.; ALMEIDA, Guilherme Assis de. *Curso de Filosofia do Direito*. São Paulo: Atlas, 2001.

BLANQUER, David. *Introducción al Derecho Administrativo*. Valencia: Tirant Lo Blanch, 1998.

BOBBIO, Norberto. *Direito e Estado no Pensamento de Emanuel Kant*. 4. ed. Brasília: UnB, 1997.

——. *Locke e o Direito Natural*. 2. ed. Brasília: Universidade de Brasília, 1997.

——. *O Positivismo Jurídico: Lições de Filosofia do Direito*. São Paulo: Ícone, 1995.

BOLADERAS, Margarita. *Comunicación, Ética y Política: Habermas y sus Escritos*. Madrid: Tecnos, 1996.

BRANDÃO, Antônio José. Moralidade Administrativa. *Revista de Direito Administrativo*, Rio de Janeiro, n. 25, p. 454-67, jul./set. 1951.

BONAVIDES, Paulo. *Curso de Direito Constitucional*. São Paulo: Malheiros, 1996.

CADART, Jacques. *Institutions Politiques et Droit Constitutionnel*. 3 ed. Paris: Economica, 1990, 2 v.

CADEMARTORI, Sérgio. *Estado de Direito e Legitimidade: Uma Abordagem Garantista*. Porto Alegre: Livraria do Advogado, 1999.

CAETANO, Marcello. *Manual de Direito Administrativo*. Rio de Janeiro: Forense, 1970.

——. *Princípios Fundamentais do Direito Administrativo*. Rio de Janeiro: Forense, 1977.

CAMMAROSANO, Márcio. *O Princípio Constitucional da Moralidade e o Exercício da Função Administrativa*. Tese de doutoramento apresentada junto ao Departamento de Direito do Estado da Pontifícia Universidade Católica de São Paulo no ano de 1997.

CANARIS, Claus-Wilhelm. *Pensamento Sistemático e Conceito de Sistema na Ciência do Direito*. Lisboa: Fund. Calouste Gulbenkian, 1989.

CANOTILHO, J.J. Gomes. *Direito Constitucional e Teoria da Constituição*. 4. ed. Coimbra: Almedina, [s.d.].

CARRIÓ, Genaro R. *Notas sobre Derecho y Lenguaje*. 4. ed. Buenos Aires: Abeledo-Perrot, 1994.

CASSAGNE, Juan Carlos. *Derecho Administrativo*. 6. ed. Buenos Aires, Abeledo-Perrot, 2000, 2 v.

CASTRO NUNES, José. *Do Mandado de Segurança e de outros Meios de Defesa contra Atos do Poder Público*. 9.ed. Rio de Janeiro: Forense, 1988.

CHAPUS, René. *Droit Administratif Général*. 11. ed. Paris: Montchrestien, 1999, v. 1.

CHINCHILLA, Carmen; LOZANO, Blanca; SAZ, Silvia del. In: *Nuevas Perspectivas del Derecho Administrativo: Tres Estudios*. Madrid: Civitas, 1992.

CHRÉTIEN, Patrice; DUPUIS, Georges; GUÉDON, Marie-José. Ver: DUPUIS, Georges; GUÉDON, Marie-José; CHRÉTIEN, Patrice.

CIRNE LIMA, Ruy. *Princípios de Direito Administrativo Brasileiro*. 3. ed. Porto Alegre: Sulina, 1954.

CLÈVE, Clèmerson Merlin. *A Fiscalização Abstrata da Constitucionalidade no Direito Brasileiro*. 2. ed. São Paulo: Revista dos Tribunais, 2000.

COLEMAN, Jules. (Org.). *Hart's Postscript: Essays on the Postscript to the Concept of Law*. New York: Oxford University, 2001.

COMPARATO, Fábio Konder. *A Afirmação Histórica dos Direitos Humanos*. São Paulo: Saraiva, 1999.

COSTA. José Armando da. *Contorno Jurídico da Improbidade Administrativa*. Brasília: Brasília Jurídica, 2000.

CRETELLA JR. José. *Anulação do Ato Administrativo por Desvio de Poder*. Rio de Janeiro, Forense, 1978.

CRUZ, Alcides. *Direito Administrativo Brasileiro*. 2. ed. Rio de Janeiro: Francisco Alves, 1914.

COUTO E SILVA, Almiro do. Princípios da Legalidade da Administração Pública e Segurança Jurídica no Estado de Direito Contemporâneo. *Revista de Direito Público*, São Paulo, n. 84, p. 46, 1987.

DALLARI, Adílson Abreu. Administração Pública no Estado de Direito. *Revista Trimestral de Direito Público*, São Paulo, n. 5, p. 33-41, 1994.

DAVID, René. *Os Grandes Sistemas do Direito Contemporâneo*. 3. ed. São Paulo: Martins Fontes, 1998.

DEBBASCH, Charles. *Institutions et Droit Administratifs*. 5. ed. Paris: PUF, 1999, 2 v.

DELGADO, José Augusto. Princípio da Moralidade Administrativa e a Constituição Federal de 1988. *Revista Trimestral de Direito Público*, São Paulo, n. 1, p. 208-23, 1993.

DELVOLVÉ, Pierre; VEDEL, Georges. *Droit Administratif*. 12. ed. Paris: Presses Universitaires de France, 1992, 2 v.

DIAZ, José Ramon Cossio. *Estado Social y Derechos de Prestación*. Madrid: Centro de Estudios Constitucionales, 1989.

DI PIETRO, Maria Sylvia Zanella. *Discricionariedade Administrativa na Constituição*. São Paulo: Atlas, 1991.

DRAIBE, Sônia Miriam. O *Welfare State* no Brasil: Características e Perspectivas. *Ciências Sociais Hoje 1989*. São Paulo: Vértice/ANPOCS, 1989.

DRAIBE, Sônia Miriam; WILNÊS, Henrique. *Welfare State*, Crise e Gestão da Crise: Um Balanço da Literatura Internacional. *Revista Brasileira de Ciências Sociais*, n. 6, v. 3, p. 53-78, fev. 1988.

DUPUIS, Georges; GUÉDON, Marie-José; CHRÉTIEN, Patrice. *Droit Administratif*. 6. ed. Paris: Armand Colin, 1999.

DWORKIN, Ronald. *Los Derechos en Serio*. Barcelona: Ariel, 1999.

——. *O Império do Direito*. São Paulo: Martins Fontes, 1999.

ESTORNINHO, Maria João. *A Fuga para o Direito Privado*. Coimbra: Almedina, 1999.

FARIA, José Eduardo. (Org.). *Direitos Humanos, Direitos Sociais e Justiça*. São Paulo: Malheiros, 1998.

O Princípio da Moralidade Administrativa

FAZZIO JÚNIOR, Waldo; PAZZAGLINI FILHO, Marino; ROSA, Márcio Fernando Elias. Ver: PAZZAGLINI FILHO, Marino; ROSA, Márcio Fernando Elias; FAZZIO JÚNIOR, Waldo.

FERRAZ, Sérgio. O Controle da Administração Pública na Constituição. *Revista de Direito Administrativo*, Rio de Janeiro, n. 188, p. 64-73, 1992.

FERRAZ JR., Tercio Sampaio. *A Ciência do Direito*. São Paulo: Atlas, 1980.

——. *Introdução ao Estudo do Direito: Técnica, Decisão, Dominação*. 2. ed. São Paulo: Atlas, 1984.

FERNÁNDEZ, Tomás-Ramón; GARCÍA DE ENTERRÍA, Eduardo. Ver GARCÍA DE ENTERRÍA, Eduardo; FERNÁNDEZ, Tomás-Ramón.

FERREIRA, Daniel. Probidade e Razoabilidade como Limitações à Discricionariedade Administrativa. *Revista Trimestral de Direito Público*, São Paulo, n. 18, p. 233-39, 1997.

FERREIRA, Sérgio de Andréa. A Moralidade na Principiologia da Atuação Governamental. *Revista de Direito Administrativo*, Rio de Janeiro, n. 220, p. 121-38, abr./jun. 2000.

FERREIRA, Wolgran Junqueira. *Princípios da Administração Pública*. São Paulo: EDIPRO, 1996.

FERREIRA FILHO, Manoel Gonçalves. A Corrupção como Fenômeno Social e Político. *Revista de Direito Administrativo*, Rio de Janeiro, n. 185, p. 1-18, jul./set. 1991.

FIGUEIREDO, Lúcia Valle. *Curso de Direito Administrativo*. 4. ed. São Paulo: Malheiros, 2000.

FIGUEIREDO, Marcelo. *O controle da Moralidade na Constituição*. São Paulo: Malheiros, 1999.

——. *Probidade Administrativa: Comentários à Lei 8.429/92 e Legislação Complementar*. 4. ed. São Paulo: Malheiros, 2000.

FINNIS, John. *Natural Law and Natural Rights*. Nova Iorque: Oxford University, 1996.

FIORINI, Bartolomé A. *Derecho Administrativo*. 2. ed. Buenos Aires: Abeledo-Perrot, 1995, 2 v.

FLEINER, Fritz. *Instituciones de Derecho Administrativo*. Barcelona: Labor, 1933.

FORGES, Jean-Michel de. *Droit Administratif*. 5. ed. Paris: PUF, 1998.

FRANÇA, Vladimir da Rocha. Considerações sobre o Controle de Moralidade dos Atos Administrativos. *Revista Trimestral de Direito Público*, São Paulo, n. 27, p. 58-74, 1999.

FRANCO SOBRINHO, Manoel de Oliveira. *O Controle da Moralidade Administrativa*. São Paulo: Saraiva, 1974.

——. *O Princípio Constitucional da Moralidade Administrativa*. Curitiba: Gênesis, 1993.

FREITAS, Juarez. *A Interpretação Sistemática do Direito*. 2. ed. São Paulo: Malheiros, 1998.

——. *A Substancial Inconstitucionalidade da Lei Injusta*. Porto Alegre: EDIPUCRS, 1988.

——. *Estudos de Direito Administrativo*. 2. ed. São Paulo: Malheiros, 1997.

——. *O Controle dos Atos Administrativos e os Princípios Fundamentais*. 2. ed. São Paulo: Malheiros, 1999.

——. Do Princípio da Probidade Administrativa e de sua Máxima Efetivação. *Revista de Direito Administrativo*, Rio de Janeiro, n. 204, p. 65-84, abr./jun. 1996.

FREUND, Ernst. Evolução do Direito Administrativo Americano. *Revista de Direito Administrativo*, Rio de Janeiro, n. 17, p. 414-28, jul./set. 1949.

FULLER, Lon L. *The Morality of Law*. New Haven/London: Yale University Press, 1969.

GADAMER, Hans Georg. *Verdade e Método*. 3. ed. Petrópolis: Vozes, 1997.

GARCÍA DE ENTERRÍA, Eduardo. *Democracia, Jueces y Control de la Administración*. Madrid: Civitas, 2000.

——. La Revolución Francesa y la Formación del Derecho Público. In: *Estructuras y Formas del Poder en la Historia*. Salamanca: Universidad de Salamanca, 1991.

——; FERNÁNDEZ, Tomás-Ramón. *Curso de Derecho Administrativo*. 10. ed. Madrid: Civitas, 2000, 2 v.

GARCIA, Emerson; ALVES, Rogério Pacheco. Ver: ALVES, Rogério Pacheco; GARCIA, Emerson.

GASPARINI, Diógenes. *Direito Administrativo*. 5. ed. São Paulo: Saraiva, 2000.

GIACOMUZZI, José Guilherme. *A Moralidade Administrativa e a Boa-fé da Administração Pública: O Conteúdo Dogmático da Moralidade Administrativa*. São Paulo: Malheiros, 2002.

GIANNINI, Massimo Severo. *Derecho Administrativo*. Madrid: MAP, 1991.

GODOY, Alfonso Sabán. *El Marco Jurídico de la Corrupción*. Madrid: Civitas, 1991.

GONÇALVES PEREIRA, André. *Erro e Ilegalidade no Acto Administrativo*. Lisboa, 1962.

GORDILLO, Agustín. *Tratado de Derecho Administrativo*. 5. ed. Buenos Aires: Fundación de Derecho Administrativo, 2000, v. 1

GUÉDON Marie-José; DUPUIS, Georges; CHRÉTIEN, Patrice. Ver: DUPUIS, Georges; GUÉDON, Marie-José; CHRÉTIEN, Patrice.

HABERMAS, Jürgen. *Comentários à Ética do Discurso*. Lisboa: Piaget, 1999.

——. *Consciência Moral e Agir Comunicativo*. Rio de Janeiro: Tempo Brasileiro, 1989.

——. *Direito e Democracia: Entre Facticidade e Validade*. Rio de Janeiro: Tempo Brasileiro, 1997, 2 v.

——. *Escritos sobre Moralidad y Eticidad*. Barcelona: Paidós, 1991.

——. *Faktizität und Geltung: Beiträge zur Diskurstheorie des Rechts und des demokratischen Rechtsstaats*. Frankfurt: Suhrkamp, 1998.

——. *Pensamento Pós-Metafísico*. Rio de Janeiro: Tempo Brasileiro, 1990.

——. *Teoría de la Acción Comunicativa*. Madrid: Taurus, 1999, 2 v.

HART, H.L.A. *Contributi all'Analise del Diritto*. Milano: Giuffrè, 1964.

——. *Direito, Liberdade e Moralidade*. Porto Alegre: Fabris, 1987.

——. *Law, Liberty and Morality*. Stanford: Stanford University, 1998.

——. *O Conceito de Direito*. 2. ed. Lisboa: Fundação Calouste Gulbenkian, 1994.

——. Positivism and the Separation of Law and Morals. In: DWORKIN, R.M. *The Philosophy of Law*. New York: Oxford University, 1977.

——. *The Concept of Law*. 2. ed. New York: Oxford University, 1997.

HAURIOU, Maurice. La Déclaration de Volonté dans le Droit Administratif Français. *Revue Trimestrielle de Droit Civil*, Paris, v. 3, p. 543-86, 1903.

——. *Précis de Droit Administratif et de Droit Public*. 11. ed. Paris: Sirey, 1927.

——. *Précis Élémentaire de Droit Administratif*. 4. ed. Paris: Sirey, 1938.

HESSE, Konrad. *Elementos de Direito Constitucional da República Federal da Alemanha*. Porto Alegre: Sérgio Antonio Fabris, 1998.

HOBBES, Thomas. O Leviatã. In: *Os Pensadores*. São Paulo: Abril Cultural, 1983.

HOERSTER, Norbert. *En Defensa del Positivismo Jurídico*. Barcelona: Gedisa, 1992.

——. *Recht und Moral*. Stuttgart: Reclam. 1990.

HÖFFE, Otfried. *Estudios sobre la Teoría del Derecho y de la Justicia*. 2. ed. Cidade do México: Biblioteca de Ética, Filosofía del Derecho y Política, 1997.

O Princípio da Moralidade Administrativa

———. *Justiça Política*. Petrópolis: Vozes, 1991.

HUME, *Investigação sobre o Entendimento Humano*. Lisboa: Edições 70, [s.d.].

INGRAM, Attracta; BAGHRAMIAN, Maria. Ver: BAGHRAMIAN, Maria; INGRAM, Attracta.

JÈZE, Gaston. *Principios Generales del Derecho Administrativo*. Buenos Aires: Depalma, 1948, v. 1.

JAPIASSU, Hilton. *Nascimento e Morte das Ciências Humanas*. 2. ed. Rio de Janeiro: Francisco Alves, 1982.

JUAN, Eduardo Barrachina. *Lecciones de Derecho Administrativo*. Barcelona: PPU, 1985, 2 v.

JUSTEN FILHO, Marçal. O Princípio da Moralidade Pública e o Direito Tributário. *Revista Trimestral de Direito Público*, São Paulo, n. 11, p. 44-58, 1995.

KANT, Immanuel. *Fundamentação da Metafísica dos Costumes*. Porto: Porto, 1995.

———. *La Metafísica de Las Costumbres*. Madrid: Tecnos, 1999.

KELSEN, Hans. *A Democracia*. São Paulo: Martins Fontes, 2000.

———. *Teoria Geral do Direito e do Estado*. São Paulo: Martins Fontes, 2000.

———.*Teoria Pura do Direito*. 3. ed. bras. São Paulo: Martins Fontes, 1991.

———. *Teoria Geral das Normas*. Porto Alegre: Fabris, 1990.

———. *O Problema da Justiça*. São Paulo: Martins Fontes, 1998.

KEYNES, John Maynard. *The General Theory of Employment, Interest and Money*. London: Macmillan, 1951.

KOURY, Suzy Elizabeth Cavalcante. A Ética no Serviço Público. *Revista de Direito Administrativo*, Rio de Janeiro, n. 220, p. 183-94, abr./jun. 2000.

LACHARRIÈRE. *Le Contrôle Hiérarchique de l'Administration dans la Forme Juridictionnelle*. Paris, 1938.

LAUBADÈRE, André de. *Manuel de Droit Administratif*. 3. ed. Paris: Librairie Générale de Droit e Jurisprudence, 1951.

LARENZ, Karl. *Derecho Justo: Fundamentos de Ética Jurídica*. Madrid: Civitas, 1985.

_____. *Metodología de la Ciencia del Derecho*. Barcelona: Ariel, 1994

LEAL, Rogério Gesta. *Hermenêutica e Direito: Considerações sobre a Teoria do Direito e os Operadores Jurídicos*. 2. ed. Santa Cruz do Sul: EDUNISC, 1999.

———. *Teoria do Estado: Cidadania e Poder Político na Modernidade*. 2. ed. Porto Alegre: Livraria do Advogado, 2001.

LIMBERGER, Têmis. *Atos da Administração Lesivos ao Patrimônio Público: Os Princípios Constitucionais da Legalidade e Moralidade*. Porto Alegre: Livraria do Advogado, 1998.

LOCKE, John. *Ensaio acerca do Entendimento Humano*. São Paulo: Nova Cultural, 1991.

LOZANO, Blanca; CHINCHILLA, Carmen; SAZ, Silvia del. Ver: CHINCHILLA, Carmen; LOZANO, Blanca; SAZ, Silvia del.

LUHMANN, Niklas. *Sociologia do Direito*. Rio de Janeiro, 1985, 2v.

MACHADO, João Baptista. *Introdução ao Direito e ao Discurso Legitimador*. Coimbra: Almedina, 2000

MARTINS COSTA, Judith. As Funções do Princípio da Moralidade Administrativa: O Controle da Moralidade na Administração Pública. *Revista do Tribunal de Contas*, Porto Alegre, v. 19, n. 19, p. 130-37, 1993.

MANTINS JÚNIOR, Wallace Paiva. *Probidade Administrativa*. São Paulo: Saraiva, 2001.

MAURER, Hartmut. *Elementos de Direito Administrativo Alemão*. Porto Alegre: Sérgio Antonio Fabris: 2001.

MAYER, Otto. *Derecho Administrativo Alemán*. Buenos Aires: Depalma, 1949, v. 1.

MEDAUAR, Odete. *Direito Administrativo Moderno*. 4. ed. São Paulo: Revista dos Tribunais, 2000.

MELLO, Cláudio Ari. Improbidade Administrativa: Considerações sobre a Lei nº 8.429/92. *Revista dos Tribunais*, São Paulo, v. 3, n. 11, p. 49-62, abr./jun. 1995.

MEIRELLES, Hely Lopes. *Direito Administrativo Brasileiro*. São Paulo: Malheiros, 1964.

———. *Direito Administrativo Brasileiro*. 12. ed. São Paulo: Malheiros, 1986.

———. *Direito Administrativo Brasileiro*. 17. ed. São Paulo: Malheiros, 1992.

MILL, John Stuart. *On Liberty*. In: ALEXANDER. Edward. (Org.). Ontario: Broadview, 1999.

———. *Three Essays on Religion: Nature, the Utility of Religion, Theism*. New York: Prometheus, 1998.

MIRANDA, Jorge. *Manual de Direito Constitucional*, v. 1. 6. ed. Lisboa: Coimbra, 1997.

MODESTO, Paulo. Controle Jurídico do Comportamento Ético da Administração Pública no Brasil. *Revista de Direito Administrativo*, Rio de Janeiro, n. 209, p. 71-80, jul./set. 1997.

MORAES, Germana de Oliveira. *Controle Jurisdicional da Administração Pública*. São Paulo: Dialética, 1999.

MORAIS, José Luis Bolzan; STRECK, Lenio Luiz. *Ciência Política e Teoria Geral do Estado*. Porto Alegre: Livraria do Advogado, 2000.

MORAND-DEVILLER, Jacqueline. *Cours de Droit Administratif: Cours, Thèmes de Réflexion, Commentaires d'Arrêts avec Corrigés*. 6 ed. Paris: Montchrestien, 1999.

MOREAU, Jacques. (Org). *Droit Public*. 3 ed. Paris: Economica, 1995, 2 v.

MOREIRA NETO, Diogo de Figueiredo. Moralidade Administrativa: Do Conceito à Efetivação. *Revista de Direito Administrativo*, Rio de Janeiro, n. 190, p. 1-44, out./dez. 1992.

———. Política da Administração e Princípio da Moralidade. *Genesis Revista de Direito Administrativo Aplicado*, Curitiba, n. 1, p. 40-53, abr. 1994.

MONTESQUIEU, Charles-Louis de Secondat. *Do Espírito das Leis*. 2 ed. São Paulo: Abril Cultural, 1979.

MÜLLER, Friedrich. Positivismo. *Boletim dos Procuradores da República*, Brasília, n. 29, p. 5-7, 2000.

———. *Métodos de Trabalho do Direito Constitucional*. Porto Alegre: Síntese, 1999.

NIELSEN, Kai. *Ethics without God*. New York: Prometheus, 1990.

NINO, Carlos Santiago. *Derecho, Moral y Política*. Barcelona: Ariel, 1994.

NOVAIS, Jorge Reis. *Contributo para uma teoria do Estado de Direito*. Coimbra: Universidade de Coimbra, 1987.

OSÓRIO, Fábio Medina. *Improbidade Administrativa: Observações sobre a Lei nº 8.429/92*. Porto Alegre: Síntese, 1997.

PARADA, Ramón. *Derecho Administrativo*. 12. ed. Madrid: Marcial Pons, 2000.

PAZZAGLINI FILHO, Marino; ROSA, Márcio Fernando Elias; FAZZIO JÚNIOR, Waldo. *Improbidade Administrativa: Aspectos Jurídicos da Defesa do Patrimônio Público*. 4. ed. São Paulo: Atlas, 1999.

PECES-BARBA MARTÍNEZ, Gregorio. Ética, Poder y Derecho: Reflexiones ante el Fin de Siglo. In: ROIG, Rafael de Asís *et al. Valores, Derechos y Estado a Finales del Siglo XX*. Madrid: Dykinson, 1996.

O Princípio da Moralidade Administrativa

PELLICER, Jose A. Lopez. *Lecciones de Derecho Administrativo*. 2. ed. Murcia: Diego Marín, 1998, v. 2 (1).

PERELMAN, Chaïm. *Ética e Direito*. São Paulo: Martins Fontes, 1999.

PÉREZ, Jesús Gonzáles. *Administración Pública y Moral*. Madrid: Civitas, 1995.

——. *El Principio General de la Buena Fe en el Derecho Administrativo*. 3. ed. Madrid: Civitas, 1999.

——. *La Ética en la Administración Pública*. 2. ed. Madrid: Civitas, 2000.

QUEIRÓ, Afonso Rodrigues. *Estudos de Direito Público*. Coimbra: Coimbra, 1989.

——. *Reflexões sobre a Teoria do Desvio de Poder em Direito Administrativo*. Coimbra: Coimbra, 1940.

RADBRUCH, Gustav. *Filosofia do Direito*. 6. ed. Coimbra: Armenio Amado, 1997.

RAWLS, John. *Uma Teoria da Justiça*. São Paulo: Martins Fontes, 2000.

——. *Liberalismo Político*. Mexico: Fondo de Cultura Economica, 1996.

REALE, Miguel. *Direito Natural e Direito Positivo*. São Paulo: Saraiva, 1984.

——. *Direito, Ciência Política e Administração*. Fortaleza: Inst. Clovis Beviláqua, 1977.

——. *Estudos de Filosofia e Ciência do Direito*. São Paulo: Saraiva, 1978.

——. *Filosofia do Direito*. 8. ed. São Paulo: Saraiva, 1978.

RIPERT, Georges. *A Regra Moral nas Obrigações Civis*. São Paulo: Saraiva, 1937.

RIVERO, Jean. *Direito Administrativo*. Coimbra: Almedina, 1981.

ROBLES, Gregorio. *Los Derechos Fundamentales y la Ética en la Sociedad Actual*. Madrid: Civitas, 1992.

ROCHA, Cármen Lúcia Antunes. *Princípios Constitucionais da Administração Pública*. Belo Horizonte: Del Rey, 1994.

——. Sobre o Estado Brasileiro e as Reformas Propostas. *Revista Trimestral de Direito Público*, São Paulo, n. 18, p. 15-27, 1997.

ROCHA, Leonel Severo. *Epistemologia Jurídica e Democracia*. São Leopoldo: Unisinos, 1998.

ROLLAND, Louis. *Précis de Droit Administratif*. 10. ed. Paris: Dalloz, 1953.

ROSANVALLON, Pierre. *La Crisis Del Estado Providencia*. Madrid: Civitas, 1995.

ROSA, Márcio Fernando Elias. *Direito Administrativo*. 3. ed. São Paulo: Saraiva, 2002.

——; PAZZAGLINI FILHO, Marino; FAZZIO JÚNIOR, Waldo. Ver: PAZZAGLINI FILHO, Marino; ELIAS ROSA, Márcio Fernando; FAZZIO JÚNIOR, Waldo.

ROSS, Alf. *Direito e Justiça*. Bauru: EDIPRO, 2000.

ROUSSEAU, Jean-Jacques. *O Contrato Social*. São Paulo: Martins Fontes, 1999.

RUIZ DE AZÚA, Javier Bengoa. *De Heidegger a Habermas: Hermenéutica y fundamentación última en la Filosofia Contemporânea*. Barcelona: Herder, 1992.

RUSSELL, Bertrand. *História do Pensamento Ocidental*. 3. ed. Rio de Janeiro: Ediouro, 2001.

SAMPAIO, José Adércio Leite *et al.* (Org.). *Improbidade Administrativa. 10 anos da Lei nº 8.429/92*. Belo Horizonte: Del Rey, 2002.

SANTAMARIA PASTOR, Juan Alfonso. *Princípios de Derecho Administrativo*. 3 ed. Madrid: Centro de Estudios Ramón Areces, 2000, 2 v.

SANTOS, Boaventura de Sousa. *Pela Mão de Alice: O Social e o Político na Pós-Modernidade*. 2. ed. São Paulo: Cortez, 2000.

——. *Introdução a uma Ciência Pós-Moderna*. Rio de Janeiro: Graal, 1989.

SARLET, Ingo Wolfgang. *A Eficácia dos Direitos Fundamentais*. Porto Alegre: Livraria do Advogado, 1998.

——. *Dignidade da Pessoa Humana e Direitos Fundamentais na Constituição Federal de 1988*. Porto Alegre: Livraria do Advogado, 2001.

SAZ, Silvia del; CHINCHILLA, Carmen; LOZANO, Blanca. Ver: CHINCHILLA, Carmen; LOZANO, Blanca; SAZ, Silvia del.

SEABRA FAGUNDES, Miguel. Da Ação Popular. *Revista de Direito Administrativo*, Rio de Janeiro, n. 6, p. 1-19, out. 1946.

——. *O Controle dos Atos Administrativos pelo Poder Judiciário*. 3. ed. Rio de Janeiro, Forense, 1957.

SEÑA, Jorge F. Malem. *Globalización, Comercio Internacional y Corrupción*. Barcelona: Gedisa, 2000.

SILVA, José Afonso. *Curso de Direito Constitucional Positivo*. 9. ed. São Paulo: Malheiros, 1993.

SILVA, Vasco Pereira. *Em Busca do Acto Administrativo Perdido*. Coimbra: Almedina, 1998.

SOARES, Rogério. *Direito Público e Sociedade Técnica*. Coimbra: Atlântida, 1969.

SÓFOCLES. *Antígona*. Rio de Janeiro: Paz e Terra, 1997.

STEIN, Ernildo. *A Caminho de uma Fundamentação Pós-Metafísica*. Porto Alegre: EDI-PUCRS, 1997.

STEVENSON, C.L. The Emotive Meaning of Ethical Terms. In: CAHN, Steven M.; MARKIE, Peter. (Org.). *Ethics: History, Theory and Contemporary Issues*. New York: Oxford University, 1998.

STRECK, Lenio Luiz. *Hermenêutica Jurídica e(m) Crise: Uma Exploração Hermenêutica da Construção do Direito*. 2 ed. Porto Alegre: Livraria do Advogado, 2000.

——; MORAIS, José Luis Bolzan. Ver: MORAIS, José Luis Bolzan; STRECK, Lenio Luiz.

TARNAS, Richard. *A Epopéia do Pensamento Ocidental*. Rio de Janeiro, Bertrand Brasil, 1999.

TÁCITO, Caio. Desvio de Poder no Controle dos Atos Administrativos, Legislativos e Jurisdicionais. *Revista Trimestral de Direito Público*, São Paulo, n. 4, p. 31-9, out./dez. 1993.

——. Moralidade Administrativa. *Revista Trimestral de Direito Administrativo*, Rio de Janeiro, n. 218, p. 1-10, out./dez. 1999.

——. Perspectivas do Direito Administrativo no Próximo Milênio. *Revista de Direito Administrativo*, Rio de Janeiro, n. 212, p. 1-6, abr./jun. 1998.

——. Transformações do Direito Administrativo. *Revista de Direito Administrativo*, Rio de Janeiro, n. 214, p. 26-34, out./dez. 1998.

TUGENDHAT, Ernst. *Lições sobre Ética*. 4 ed. Petrópolis: Vozes, 2000.

VASCONCELOS, Edson Aguiar de. O Poder Discricionário em Confronto com a Moralidade Administrativa: Sofisma ou paralogismo? In: TUBENCHLAK, James. (Org.). *Livro de Estudos Jurídicos*. Rio de Janeiro, Instituto de Estudos Jurídicos, 1991, v. 2.

VECCHIO, Giorgio del. *Historia de la Filosofía del Derecho*. 2.ed. Barcelona: Bosch, 1964.

VEDEL, Georges; DELVOLVÉ, Pierre. Ver: DELVOLVÉ, Pierre, VEDEL, Georges.

VELASCO, Marina. *Ética do Discurso: Apel ou Habermas?* Rio de Janeiro, FA-PERJ/Mauad, 2001.

VIANNA, Marco Aurélio F. *Trabalhar para que? A motivação Profissional nas Equipes Realizadoras*. São Paulo: Gente, 1997.

VILLAR EZCURRA, Jose Luis; VILLAR PALASÍ, Jose Luis. Ver: VILLAR PALASÍ VILLAR EZCURRA, Jose Luis.

VILLAR PALASÍ, Jose Luis; VILLAR EZCURRA, Jose Luis. *Principios de Derecho Administrativo*. 4 ed. Madrid: Universidad Complutense, 1999, 2 v.

VILLORIA MENDIETA, Manuel. *Ética Pública y Corrupción: Curso de Ética Administrativa*. Madrid: Tecnos, 2000.

WEIL, Prosper. *El Derecho Administrativo*. Madrid: Taurus, 1966.

WEBER, Thadeu. *Ética e Filosofia Política: Hegel e o Formalismo Kantiano*. Porto Alegre: EDIPUCRS, 1999.

WELTER, Henri. *Le Contrôle Juridictionnel de la Moralité Administrative: Étude de Doctrine et de Jurisprudence*. Paris: Sirey, 1929.

WITTGENSTEIN, Ludwig. *Investigações Filosóficas*. 2. ed. Petrópolis: Vozes, 1996.

WOLKMER, Antonio Carlos. *Constitucionalismo e Direitos Sociais no Brasil*. São Paulo: Acadêmica, 1989.

——. *Ideologia, Estado e Direito*. 2. ed. São Paulo: Revista dos Tribunais, 1989.

——. *Pluralismo Jurídico: Fundamentos de uma Nova Cultura no Direito*. São Paulo: Alfa Omega, 1994.

ZANCANER, Weida. *Da Convalidação e da Invalidação dos Atos Administrativos*. São Paulo: Revista dos Tribunais, 1990.

——. Razoabilidade e Moralidade na Constituição de 1988. *Revista Trimestral de Direito Público*, São Paulo, n. 2, p. 205-210, abr./jun. 1993.

ZIPPELIUS, Reinhold. *Teoria Geral do Estado*. 3. ed. Lisboa: Fund. Calouste Gulbenkian, 1997.

Entidades e bancos de dados:

ASSEMBLÉIA NACIONAL CONSTITUINTE. *Anais*. Atas da 43ª à 58ª Sessão da Assembléia Nacional Constituinte. N. 3. Brasília, 1987.

——. Atas da 322ª à 330ª Sessão da Assembléia Nacional Constituinte. N. 23. Brasília, 1988.

LE MONDE DIPLOMATIQUE: banco de dados. Disponível em http://www.monde-diplomatique.fr.

SUPREMO TRIBUNAL FEDERAL: banco de dados. Disponível em http://www.stf.gov.br.

SUPERIOR TRIBUNAL DE JUSTIÇA: banco de dados. Disponível em http://www.stj.gov.br.

TRANSPARÊNCIA INTERNACIONAL: banco de dados. Disponível em http://www.transparency.org.

NAÇÕES UNIDAS: banco de dados. Disponível em http://www.onu.org.